吉城 著

《魯學齋日記》（外二種）

第四册

國家圖書館出版社

第四冊目錄

光緒廿九年

遐年簃日記

癸卯元旦試遐秊研書端

正月小建甲寅 初八日立春 二十三日雨水

初一日丁巳 吟白樹人三兄過我觀硯各為題記 樹人云曾甫筆本精研此硯為輔 石墨兩相著 文徵耀叢字 三兄云束髮受書志在立言與君共之永矢弗諼 吟白云甫產者研山為周笑之所奪天下之寶當與天下共之奪者固失矣寶者亦未達也莫甫得此研編以示人觀者亦無競心不役物我兩忘物我皆人道矣 祝硯生先生六十壽即過訪余觀彭年硯彭年之名訪硯即從余之避年快出也

初二日　讀陳漢書郭泰、陳寔、荀淑諸傳

初三日　以蘭有新年咏物四首，因和之。云：中朝聖德大如天，猥許書生刷外員。當日良人攻十深漫，云若曾勝先先。時憲書

紫旭撞之萬戶開，神荼鬱壘氣佳哉。今年巧值端陽閏，將與鍾馗縛鬼來。門神帖

禰衡懷刺帝知己，郭太壓車細窮流。我為兩賢通一解，不稀受謁不稀投。拜年帖

耕穫無他只硯田，書生活計笑年年。上學喜作嬰兒舞，更博慈親壓歲錢。壓歲錢

初四日　看五季通鑑輯覽

初五日　孫師春亭咏物之作忘和四首屬書並云若使燭闌棋罷後人間何處有春風可為深進者哉

初六日　校鹽鐵論　秦夢禹言反在日遍觀歷年硯

初七日　校鹽鐵論　課答足哉

初八日　校鹽鐵論　讀徐幹中論

初九日　為癸卯孟陬之春詩云不愛朝官愛詩人未能浪老去京塵醉來莫取新籌看換了滄桑又一巡　是日為生六十　為壽於庚子前　告歸

極目西南海正波，辟胡曾望耀牂柯。侍從事業須馳驟，且作中年

臯道仲和（人日子恂五十　恂老以漢臯道仲和碑屬予跋，謂臯道以隱革為水衡都尉，治西南夷，與呂辟胡事相類，先晚謹按經鄉里）

香夏青（下松柏）姿，慣將餘藝走群兒。李生舊識吾翁郎，能許

人稱老畫師。（上元白石六十　十年前興化李君詳過東台，當訪壽白老者不詳，人稱老畫師之語）

初十日　綠齋詒余詩云：遨年研性彭年術，詩傳丹鉛日月長。

且誦詩過大庭，不知世外有滄桑。羨君豪韻，答贈云：惟有翁羽水舒。

詞妙（晦下誤）吟和霜寒迴起長，更喜吉詞君臨池涵，上池仙源湛長禁。

即寓聊歌抛拜舉，寄春人舞袖長。石晉誓中使，不憐鑄

鐵寫挾秦彭年君共過年我片石相閱乐之長三弟六千晨

興怨素心人和遊紫囊 湖州吉趣了紫囊詩

十一日　從吟白假吳任臣十國春秋

十二日　採鹽鐵論畢　此採皆依盧文弨群書拾補乙未夏曾錄俞樾說今乃知俞蓋未見拾補新出說多同盧氏也

十三日　看吳任臣吳本紀

十四日　快雨俗謂之燈花水　讀鹽鐵論其引孟子或不與今同引春秋說亦有溢出公羊外者引論語最多尤足資疏證也

十五日　盂蘭得昨雨，機設勃興。

十六日　子恂詒予七律三首，中有句云：溯目鄭松立，把守一河龍。白鼠郎愛我甚也。又云：稅役新增頭子錢，居播紳齊掉舌人說列痕廿涼矣。

十七日　看吳任臣吳列傳

十八日　看南唐本紀

十九日　看南唐列傳

二十日　看南唐列傳

二十一日 過芷湘觀舊搨李含光碑凡六百餘字 看南唐列傳徐鍇傳注引事物紺珠云南唐徐氏二龍謂鉉與鍇也徐諧字季龍蓋即取此義

二十二日 看前蜀本紀景福元年高祖親校吉諫襲楊守厚破之諫本傳云諫為高祖帳下牙將破楊守厚有功賜姓名為王宗黯天復初拔涪又拔昌普合三州高祖命諫充川畺兵馬使會東川武信兵討平之未幾進拜兼侍中太子元膺之亂諫自大安門逾城入與徐瑤等戰於會同殿前瑤竟戰死是役也子起震梓徼諫發兵不及渊後主即位論功封

琅邪郡王

二十三日 看前蜀列傳 林罕字仲緘 善古文書之學 嘗著注說文二十篇 目曰林氏小說 刻石蜀中 南唐周文矩 句容人 嘗為後主畫南莊圖 後主歎其精備 予昔家有董其昌題南莊二大字 疑指此也 俟質之耆老

前蜀後主衍 徐延瓊第看牡丹 數書畫字於壁 蓋蜀語以畫為不佳也 後之蜀之為祖諱 於是第說者謂為先兆 按宋之王人諱夢 或同蜀語也

二十四日 三賢書院甄別 題史記律書即兵書說 按此語出司馬貞

索隱雖亦未能明其書所以名律書之故說文徇律所以聚

相須循行示也律均布也徇下許亦引司馬法與太史公律書同

序稱司馬法與爲一例蓋律本爲兵家布令之號然非坎

律與矢猶之連言之即之聲讀略其味宮均布之本義猶知律

爲律呂與兵事截邈若山河矣

二十五日

二十六日

二十七日微雨水仙放花　說文均手編也又旬編也易雲雖同無咎之

謂旬均也按此則詢旬同義徇說文作侚律云均布正從徇

來新為兵家令嚴之專稱其積乃律之律蓋其引申

義史記名兵書為律書溯其本義也

二十八日 還明聞雨聲甚樂 三讀書院行第二課題為宋儒爭

三雇役差役論溫公書儀四學記大學中庸樂記為禮記精要說

國家閒暇及是時明其政刑義

二十九日 雨霽

二月大建乙卯 初九日驚蟄 二十四日春分

初一日丙戌 孟子題注語國家閒暇為善隣國之虞焦氏正義謂責善用

亂言按此疑為四刑所不能及者而亂則正當以四刑平之焦說

非趙旨也 夜雨

初二日 看徐繼畬瀛環志略此書成於道光戊申 聞薛福成有

續編未之見也坊間所刻續本殊劣

初三日 看瀛環志略波斯漢安息羅馬漢大秦

初四日 同三兄薛村探梅 看陳蘭甫讀書記略為書儀說甚覈與

合也

初五日雨

初六日天氣陰冷有雖雪三朵

初七日昨夜微雪　佛臣過我論周秦諸子

初八日看覺顛冥齋集　日報有科舉中額遞減之議々說甚將

歸書掌堂也

初九日蘅孝兩亭過我　蘅有醉花陰詞題芥舟云樹色似龍煙壽

畫閣。攏雁柵和空。不聘漫呼鐘。玉宇流雲。詩吐閑樂鏡。月華似水涼宵靜地，自中庭湧小屋坐，如細風動花枝影簌簌參參差節。

徐繼畬《非洲志略》云：唐書有拂菻西南度磧二千里有國曰磨鄰，曰老勃薩，其人黑而性悍，地瘴癘，無草木。今考磨隣即美林，法老勃薩即蒙巴薩，皆在桑給巴爾境內，是為史之稽言阿非利加洲之始。

初十日　看《瀛環志略》畢。歐洲與亞洲阻於蘇彝士，費水程之萬里。美洲至亞阻於巴拿馬，費水程之萬里。今蘇彝士已溝通矣，他日或有疏鑿巴拿馬者，則自美西行，直抵中國之東，亦正異也。

十一日 薌岑招飲 庭蘭放花

十二日 訒齋伯醇焉言 楨甫擬集同人為閱報之聚

十三日 通州師範学校課題：書禮記学記篇後 王文成公論兩漢風俗優劣論 中國現今通商埠設關 孔子纂撰作之大要試舉所見於經籍者言之 校經書院課題 中日版權同盟與西國版權定例異同其利弊安在 六藝有兩說詞禮樂並重今中國士人僅言禮不言樂其故何与

十四日 看覺顛冥齋古法通義 使学要言 其論使新法及考

試條目云云皆可依行

讀宋史范文正公傳

穀梁傳多發明恕道，非苟焉以入人為志，君人亦入之矣。禮人

竊嘗謂民勸非獨則受教也中人以勸者食則不貪之廉者

民勸旅

而不答則反其敬，責人而不親則反其仁，治人而不治則反其

知。上諂則下闇，下闇則上聾。[redacted]

[redacted]。補人之不能盈而討猶夫人之國制人之上下使

不得寶君臣之道不知。平攜霸上下然之也。君不君臣不臣此天下

所以傾也。[redacted]是甲加人之所能為也。齊侯之

此猶晉君之此也，晉君之此猶齊侯之此也。受命而誅生死無所

加其怒。中國不侵伐夷狄，夷狄不入中國，中國無侵伐八年，善之也。春
秋之義，用貴治賤，用賢治不肖，不以亂治亂也。孔子曰：懷惡而討，雖死不
服。君子不奪人名。夷狄不以稱代稱。若人亦乎平居當行古人之道，二三
子稱華我而入夷狄之保所為。論文皆是大學言絜矩，言天下平，怒
即所以為平也
十五日 風雨 今日為九九盡 看後蜀本紀 後主昶宋時自三江至眉州
萬民擁道痛哭，至慈惠深入人心如此
十六日 風雨 看後蜀列傳

十七日風雨 看南漢春秋 宋既破漢 詔除廣南買人為奴婢制々似乎予廣南作偽與 乾和以後奄寺至七千餘人之多 亦可駭異

看楚世家列傳 石文德常讀范蔚宗後漢書擿其瑕釁數百條 辨駁之讀者謂史通不能過

十八日風雨 看吳越世家列傳 羅隱勸鏐舉兵討梁 曰王唐臣 義當稱兵北向 縱無成功 猶可退保杭越 自為東帝 奈何交臂事賊 為終古羞乎 其語凜凜至今有生氣

十九日早晴 晚復陰雨 兒子棠頤試周 抓筆甚固 因把其手書

棠頤長壽四字碑賈携來西盤二字是漢中舊搨之一以

贈三兄 看閩荊南世家列傳

二十日雨 日報述泰州有閱報公會之舉與詞齋昨議不期而合

於此間事竟之中輟余前有集錢買書之說恐亦難成也

看北漢春秋十國春秋凡一百十四卷紀傳外又有紀元世系地理

藩鎮百官五表網羅放失而詳備矣自正月十七日開閱至今已歷

三旬除以他事牽擱外實閱十三日均分之蓋每日不及十卷云

二十一日雨霽 芳蘭疏竹甚趣可喜 午後陰雨

看通鑑輯覽九經鏤板始於唐明宗長興三年

二十二日 晴 為遐年硯作銘頌樸拙與硯宜白老為我題字

昨得陳樹毅倩孔朝碑即贈白石先生時先生將之安慶為詩

送之云與陳廬浯法隋作賓子巖饒之尤殊倫黄孔鏑扁風績美

至今想千墨跡豈真濟州秀才又不作披想文然空迴循先生

家世本撝謙背代子巖剏他人權與丘廣西溪夏椎李重開陶

水春藏維 帝清議改制 左易陰陽詩又際新相焚書悔語

本來文字歸學能共術 匪耐狂流極倒顛 拔除根本窮其返齋

山东洋学校写阅情形稽察成例 天子名韡专著風野人被
髪廿戒祭先生不为曲阜令先生自饶曲阜十政行民称愿左以经
學言清乱衰之聖著闻黑衣服廣邸獨有遗經追許鄭
功成御亭堂刊碑額川先賢群名姓
二十三日 選年觀以令權權之目十二斤又八兩 再送遣钱
二十四日春分 種蓮 曉晴暮雨 吟白云湖南某君有十國雜咏
詩若百首
二十五日大風雨 看五季通鑑 猜曉

二十六日晴晚又雨　看宋通鑑撮覽　孫師過我　仲揆過我同過談

齋　真宗之封禪自欺之人更下漢武一等

二十七日雨　看宋通鑑撮覽

二十八日雨　看宋通鑑撮覽　神宗時遼之賢良科凡進士科者先以所

業十萬言進　安石為免役法猶未甚為害　至呂惠卿用曾布和

卿計創手實法而民不聊生矣

二十九日大風　看宋通鑑撮覽　溫公議曾布增損役法布以免役出己手

舜與蔡京之五日大約同一欺詐耳

三十日晴　盆蘭一叢放三十花亦可喜也

三月小建丙辰 初九日清明 二十四日穀雨

初一日丙辰雨 看宋通鑑輯覽 俊民自揚州來暇讀近學

初二日大風 看宋通鑑輯覽 李注元秘史有石印本與洪氏元史譯文證補合印共八册

初三日晴 過仲樸衙署 牡丹放萼 看宋鑑輯覽紹興二十二年諸將班師新復十三州之軍皆復為金有秦檜主政 又有史論宋之不振非一朝夕之故也 讀舊唐書陸贄傳受奏議輯要采錄太半 候俊民未值

初四日 看宋鑑精覽 禹孝先三朝内禪 過桂一禎甫

初五日 看宋鑑精覽 雅如舅弟見贈宋伯紳書石刻

初六日 伯鴻自江西寄來徐巢友梅花詩一册徐巢友不知何人

劉漢踐語以爲即休甯徐閬友阜張未然也

仲樸過我 壽玄薛村採梅絕句云 暗香吹徹野人家。一度東風

一度花。太息聊濃。重夢南園。窗客。懶如鴉。 過三兄論書

樵李未送國朝文錄 顧廣博

初七日 看宋鑑精覽 蘅皋過我

初八日　贞石君返钱，以所携罗马之游历欧洲之图分张中国所未有者付刊。

日本帝国大学学雅新以发西学书刊，至和声乐部先生处，中外一致

访以来讲端康熙金推广泰西隋唐之鬼争端推演算编数设

博物院书，桂以资学者观览，四策见示，详确精当。

看宋钱谱，见德祐之年遗物无此元宝者，谅年已近回，此国执戮钱行

人邻我兴师，钱氏纳土，李氏出降，此国上作也，此国归下，推小儿而失

推小儿天道如此，当此多言。

初九日　蘅峰招游西溪，梨桃都已未放花。

初十日 伯父七十壽辰 庭竹見新筍[redacted]

十一日 看元鑑輯覽 拜林起先生著華嚴宝文稿中有與友書壽二篇皆見古誼 孫師示答課卷云趙武靈王胡服騎射此舉百姓却民不服 魏主宏南遷洛陽禁士民胡服胡語 王公以下皆若之論

十二日 墨南座蜀帥聘為大學堂教習 晚在月抄啟川

看元鑑輯覽

十三日 孫師招往西溪看朱桃花 孫師擬為承梅詩十首

先成第一首云：朔風淒冽慄無垠，一見南枝破萼新。天地自於心不滅，冬霜偏得氣之春。後森香國推前輩，漫說孤山締侶姻。偕老繁華閱世累，竹籬詎老苦吟身。

十四日　看《明鑑輯覽》。

十五日　大風，夜雷雨，書屋之院牆圮。　仲揆撰策題二道，云：中俄界址屢變屢移，試舉大凡，約分中、東、西三路，其間告倫甚要戍守。基於近日俄人經營西伯利鐵道之勢，趨重東路，宜如何防禦。地理之學，甚難記憶，西人近著比較新法，以為研究地學捷徑。

試取西歐兩洲相同之字與不同之字而比較之

十六日

十七日　雨

十八日　二兄送伯母靈柩回南

十九日　修墻上之背庭之南蘆葦太高蔽日令楨二天餘

二十日　看昨錯誤勞　同穀臣過燒餘庵小坐

二十一日　過楨甫漁業開儀矣　仲樸過我同過詠齋

二十二日　自石來我述會開起昔子作內政寄軍令讓左右帝福兩粵

王廷俊書識之以諸列知恩紙之以平朴列知紫劉光祖言定國是疏
思讀之銓衡之弊　夜雨
二十三日晴　新第捷出約五六十年誤編四按之一二看作錯榜者
孝宗朝用人之政雖文形可觀武宗之継修綠木而解世宗嘉靖
五年丁名揚一請緩入閣先是御史黃案請召還一清以清朋比指
家譜恩召公為太平府事第十世祖正德甲戌進士嘉靖三年丁授河
南道御史　國朝龍隆七年奉　旨崇祀鄉賢縣志府志皆載
政績

明史入世艱難傳

廿四日　頌甫借龍藏寺碑　禹言過我　看明鑑輯覽

二十五日大風下午雨徹夜未已　看明鑑輯覽　李元度[redacted]

[redacted]天岳山房集中史論其首者平正可住

二十六日雨　看明鑑輯覽　莊烈帝崇禎十五年冬大清兵已克薊州（徹）

分道南向畿輔殉節者有順德知府吉孔嘉諸洋縣人按此陝西

吉氏也家譜稱吾族高宗南渡時遷（自注晉）丹陽讀書相傳（也）蓋同本也

二十七日大風雨　通鑑輯覽自五季至明凡二十四冊前月二十一日閱

今畢業蓋每日不及一冊

二十八日曉晴　詣縣前觀古松　嚴旅之先生於初二日仙游今
詣弔爲聯挽之云是先子故人桑壤相逢細話滄桑千古事
雅重鄉邦祭酒典型遽失剛逢泮藻再游年　先生今年
八十七補年蓋將重游泮水也　伯祖忌辰
弔臣按所居屋後新闢一宅庭院疏曠得天獨多
心蘭以蜀帥移粵指揮戎部之之刂　發師昨爲詩餞之有
蜀道多危歸心江南正暮歸[redacted]語心蘭竟不入蜀也
看通鑑稿完[redacted]

二十九日　牡丹花開　蘅皋過我　看通鑑輯覽

四月大建丁巳　十一日立夏　二十六日小滿

初一日乙酉　牡丹紫叢先開，去年此叢開六日最早。過肆見雨小松盤屈有致，買歸置之案頭，濤樹穠花極相稱也。光子續漢書，知皇通為三長史之一。通當武帝時，逵是昆季明矣。去年為子惆校碑，惟通逵或為一人，今乃較然兩人也。寫馬鳴寺碑。夜雨

初二日雨

初三日晴　看晉鑑輯覽

初四日　禹言過我看花　過蘅舉見板橋蘭竹　看晉鐘
輯覽
初五日　孫師心蘭三兄同來看花　即過精舍午飯、飯後拓浙
峇偕往夏詞觀牡丹句樂
初六日　看晉鐘輯覽　偕五弟過月塘金家看牡丹
初七日　昨夜微雨　新竹節節都如碧玉　板橋所謂我亦清味以
言時也　午後雨　牡丹未開者為無害
初八日　晴　同五弟過孫齋　看通鑑輯覽　南北朝

初九日　三兄見我　看南北朝稍覽

初十日雨　看南北朝稍覽

十一日　看南北朝稍覽

十二日　吉齋中風往視之服黄仲玉藥

十三日　心蘭過我　貴公之病稍好

十四日　題梁芷林丹圖為徐內四首　三十年來壇坫雄蕭子部今都不識知柳蔡宗御數學人聊逼處不恨亦恐雨風侵此處瑜儂汝千金寶寸陰誰細思禍佛繞祇種福離偈

勤學。好古。猶遜。務學一也。人愛物。好華。余愛物。好蘭

陽羨。說。詩。君子。心。德

十五日　偕蕃自杭州回　叔容過談　看隋鑑輯覽

十六日　過吉齋　重病漸痊　朱晦翁辭　●舊有東漢書節義之生一徵　過伯蕃　看隋鑑輯覽

十七日　看隋鑑輯覽

十八日　二兄自鎮回　得周吉日癸巳趙廿二年羣臣上醻兩刻石　又得漢將軍飛破賊銘隋龍山公墓志唐奉先寺象龕記

看飲冰室襍著

十九日午刻大風竟夕未已 看唐鑑輯覽 趙上壽刻石篆隸

道䜣詢六國時物也 自明時通證朝儀 工壽考為子孫壽禮諸 儀王以下皆不得用史記封禪書漢書郊祀志東方

二十日大風 三兄生日 得五律一首為兄壽 序曰時諺謂凡月二十日

種竹都治 甚竹生日也 曾王父屢科第嘗取杜詩顏鶴詠之

所日竹除詩社 余與三兄適皆以二十日生 月餘 尹書遂厥有由

知偶有所感交為詩 詩曰 回憶竹深處 風流遂百年

大雲殘里在 吾家舊居大雲坊下 生日兩人偏 共說孫枝秀 都歸

嘗有壽祥陛 湖硯 張儀伯 陳粹江甫 為道出王 物也

祖徐以俞裁撤諸以報即出紫泥研 家有小印二方文曰藏墨修竹人意亦趣科

公遺物世

多讀損心多語損氣 劉詢讀太宗讀

二十一日雨 看唐鑑韓晃高宗總章三年以下 仲瑤入見上問以下

風俗瑤對曰以下 四方言氣習風俗 積善能得全家 群臣上下一心議曰

帝自是而起用人所利而行之所以勝於者也 識了自是而起所以然 然所識不識院也

二十二日大風 李龍眠白描勝進士圖 快人意 雨後新竹初出

墻高樾[illegible]蔬爽 遇衛皋即燈下所為灑暉閣

日报载江浙题名●稷曹以殿第十年蹭蹬一朝青云可

喜慰也

二十三日晴 閏生来同读陈之方郑康成之间无见启告治乱之道 三哭课题

二十四日 薛林芸续藤熏志脉利本已出

二十五日 过三兄

二十六日 每读工书刻石至醻字以下诸家皆未释今释视之当为

勤石所三字疑以錯作勤石书之说至为武书之刻甚

精

二十七日　看唐鑑輯覽宣公奏議大事録左德宗編顔真卿為李
希烈所殺諡文忠[illegible]元於興元年　初杭茶　日五弟來自藥雨
來自揚州來者
二十八日　看唐鑑輯覽李泌書屬賓客不著臣隱贊其子繁又以陽城
薦諫非衣進齡德宗告進齡遂令臣諸上自解此不可解也
二十九日　伯父自去年冬病痰咳至今未增劇臍上際漬破
不愈醫者皆云高年久羔氣血兩虧難期痊效入此月
來彌復沈篤前日又增咳逆諸證飲食不進延至今日寅

到　蘭姊暨馬甥、吾兄昆季三人十數年間先後淪謝，伯兄最老壽而生平業業喜歡有甚於吾父及二伯父者。今年二兄為伯母求葬地，今春卒吾兄亦變，仍用西庫山祖塋，即在曾祖大壙內右側，吾父二伯父兩壙之上，他日封樹相依，手足同所假，伯父之靈當隱慰也。

三十日

五月小建戊午 十二日芒種 廿七日夏至

初一日乙卯

初二日 昨閱至楊宮道法論伯倫知理德之政治家所謂得失著作策之要書院課題 吾齋友之病漸起惟神志未醒醫者 天氣鬱蒸 夜大雷雨

初三日 看唐鑑輯覽 夜復大雷雨

初四日 晝晴 夜自戌至亥雷震電達旦暴雨

初五日午晴 過精舍 孫師廌庭閒談 復過淨業庵小坐 夜又雨

初六日雨 看唐鑑輯覽 那特硜政治学及泰西政治学書刊行广智書局皆有刊发 孫師雨亭同過白石見僊銅瓶隱居子其書大抵植根歐顔通以蘇黄歸宿石庵集筆情之和厚則天授也

初七日晴 看唐鑑輯覽 同抱一過白石 宣宗性明察沈斷用法無私從諫如流重惜官賞恭謹節儉惠愛民物故大中之政訖于唐亡人思詠之謂之小太宗 懿宗時裘甫王仙芝黄巢相繼而起

初八日 過湖齋 看白杜鶴 孫師補卿之兄同過席氏閒談

湖齋過我 昨買子菓四花盆移之栽地 按廣芳譜云藤

與頤葉閣下對根氣之事年而作花也

初九日 嚴復譯斯密氏原富至詳西學者精確 蓋斯密氏書

成於乾隆嘉慶時也 同作詩一觀崔實羅兩峰畫鍾馗

舞劍 五蝙蝠繞之 冠起左肩 懸一蟾子 題曰云唐朝進

士髯頭白眉佛 昨燭燭以如冰 堪以笑云 時進士多不能為判

偏為鬼猶若千秋見儀形 既虛年 醉舞發氣 [illegible]除一切

聞魑魅盡落人間福滿天

初十日雨 看原富甲

十一日雨

十二日 三兄伯聲議局書會

十三日雨

十四日 蘅皋贈予杜鵑花

十五日雨 偕金梧同白石看杜鵑西看水雪未看若霞

心畬抱一擷南同愚伯聲議書會程目夢巖紫瀾

[redacted]擬第六函

十六日晴 看埃及近世史

十七日 去年山東聞墨云王壽石青苔錢注課會周禮論主試者書第一名華廷蘭謂從云周禮泉府國服為之息先鄭善釋服為服貰按先鄭注假令其國出絲絮則以絲絮償出絺葛則以絺葛償先鄭推據服字著語衣服紕帽貨也其服貨亦不得華之服

十八日 書會諸君之意見多岐勢又將散矣

十九日

二十日 鳴臣逢書報為一之議擬甫伯潛閱之大快

二十一日　過涵齋告以昨議之極(?)說(?)稿(?)

二十二日　同雨亭過楚楚菜館中有侍(?)者衣飾奢(?)侈粉(?)黛(?)參天

二十三日　書會議(?)事(?)　涵齋[redacted]角(?)結(?)材以每張一條甫(?)題(?)畢(?)　手(?)...　第共十八條

二十四日　觀白石子書(?)以畫

二十五日　仲都(?)爲我買石印二十四史凡百二十四冊

二十六日　偕緩過致函(?)湖北漢館更易本末擬回新書多種

寄殷叔(?)　是夜暴風雨濱(?)人說將上關(?)魚云

二十七日　風雨未已　歸九如有源(?)函來

二十八日　看侯官嚴氏叢刻　凡五種　曰上　皇帝萬言書　曰斯賓塞勸學篇　曰原強　曰救亡決論　曰論世變之亟

二十九日　希侶送來東游叢錄　中俄界圖　崔國因出使日記

閏五月　十五日小暑

初一日甲申　看錢念劬中俄界約斠注附答語以授即洪氏中俄

界圖之說略也其敘凡五中俄交界宜就初約分為東北西三大段東段

自圖們江口起至額爾古納河口止康熙廿八年舊約而咸豐八年十年

兩次更改者也北段自額爾古納河口起至沙賓達巴哈止雍正五年所

定而今未改者也西段自沙賓達巴哈起至浩罕極邊同治三年

定而光緒七年九年十年更改者也三大段中又宜就列次勘

分約記分為十二小段東二北二西八西以喀克善山至烏仔別里山口為第十

二小段自烏仔別里山口以南即未經分定之帕米爾過帕米爾則中俄之界已畢當與英屬之界時尚未勘劃也

初二日 看算書提要 無錫丁福保撰

初三日 早晚天候驟涼若深秋前後懸殊是日[illegible]微

初四日

初五日 微雨 葉范二婿濕濕往視

初六日 看中俄界圖 寒暑九十一度 微雨

初七日 看吳汝綸東游叢錄

初八日 看通志二十略序

初九日 撰漆際昭帝李欲離和以養老禮論 一以備題為孫師前日所擬 自石介為余會定論先成 自悅惝敬 操筆報之新趣為言遇我特詫其精 並撰起序

初十日 菊孫姑丈先生重游泮水 今年七十有六

十一日 看陳壽祺知恥說 朱陸辨學語 看朔方備乘

十二日 看朔方備乘

十三日 看張自牧瀛海論

十四日　日報記殿試題名　李龍二甲　[redacted]　念白三甲　中外輿地圖說

集成內蒙魏源海國圖志以秋清相方續廣說極多　海國圖志近人有補訂之，書名曰海國圖志徵實　[redacted]

十五日　讀莊子內心篇

十六日　讀孟子　孟子誨人以尚志，首恥為本。周子通書云：人之生不幸，不聞過，大不幸無恥。又云：伊尹恥其君不為堯舜，一夫不得其所，若撻諸市；顏淵不遷怒，不貳過，三月不違仁。志伊尹之所志，學顏子之所學。周子善學孟子之師者也

十七日　讀文選奏記牋書類

十八日　讀漢書藝文志儒家者[redacted]高祖傳十三篇注：高祖與大臣述古語及詔策也。孝文傳十一篇注：文帝所稱及詔策。世徒知高祖不喜儒，文帝用黄老，而不知其生平稱述亦推儒者有如是也。志又云：祖述堯舜，憲章文武，宗師仲尼。此高祖文帝之所以為儒與。

十九日　看無邪堂答問。讀賈誼陳政事疏、蘇軾上神宗皇帝書。

二十日　讀楊王孫及霍光傳。昌邑王聞詔奏，已曰：天子有爭臣七人，雖無道不失天下。光曰：皇太后詔廢，安得天子。光此語殊無理解。昌邑能通孝經，其無道者不至如光奏所云也之甚也。

二兄鍾蘭蕙同心[redacted]花開余說易同心之言其臭如蘭之義余按
君子此言乃釋同人卦五爻義也其上文云君子之道或出或處或默
或語非其道不同也又云二人同心其利斷金語其道不同而心同[redacted]也斷金即交契之臭蘭即交契之相通論語曰君子和而
不同小人同而不和鄭語史伯左傳晏子亦皆言同之不可易言同人
君子獨取而引譬之者蓋乎歸尊乎宗吾也（宗叢）易之所謂同即
鄭語左傳之所謂和有大公之量而無纖毫偏暱之私先號咷而
後笑是而從相通者是道也史伯晏子之論和，鹽，醬之以味君子論

同體之以其臭臭味一也子產云譽論何未其臭味也而何殺善治者

臭如蘭同之之味之正者即如之胎賞而余業儒且選其要語

之諺也意不同也能乘月齊遇以人去來所生則意不同而以同也矣

如同所言合衆所謂默可以感可默而以告歷來名所謂撑住所謂

之而諸以多物者[illegible]非是乎在乎以蘭而及易以言易而及

余兄話余矣

二十一日

二十二日

二十三日 經濟特科題爲大戴言禮者禁者法者論整齊錢幣策

應試者聞有五七十餘人 芷湘儕侯朱先生過我

二十四日 念白特科二等

二十五日 午後雷雨

二十六日 讀傳介子李廣諸人傳

二十七日 讀李廣蘇建傳 初伏

二十八日 讀食貨志 積日暑極午後大雷雨甚快

食貨志上載賈誼鼂錯董仲舒師丹諸奏議 食貨志下載

粟宦年東鄭敬傳記億楊子所史劉敞魯匡諸奏議政治

即朱熹非廷議之太卿　此乃余之揭　非所爲言因異哉

夜後大雷雨

二十九日　讀刑灋志不但叢刻不能學不能學刻不勝物排而說本

鄉卿　是云周道衰法度廢齊桓公任用管仲作內政寄軍

令又云齊威既沒晉文接之依被廬之法成重禮之蹟僭差又況

附寓令以求非速之功故不能充王制然則管仲所作因王

制也而上所叙因井田制軍賦之大略也

六月大建己未　初一日大暑十七日立秋

初一日癸丑陰雨　看李恢垣漢西域圖攷出西域自玉門陽關陽關在今

嘉峪關外安西敦煌縣西南百五十里敦煌西北為鄯善當漢衛出

西域者首由此自鄯善而西南且末精絕扜彌以至于闐又西北而

至莎車所謂傍南山波河西行此南道也自鄯善而北至伊吾為

今哈密地自此而西由狐胡至車師前王庭經危須焉耆龜茲姑

墨溫宿尉頭以至疏勒所謂隨北山波河西行此北道也至陽關

不經鄯善而自婼羌小宛戎盧以至疏勒又南道之南有所謂傍南而當

題不敢出己意見
逕齋評

孔道者也又自伊吾西北至蒲類又西北爲車師後庭經卑陸單桓烏
貪訾離以至烏孫又北通郁立師卑陸後國狐胡國劫北道道之北亦不當
孔道也至疏勒之西爲捐毒休循已入葱嶺于寘之西爲皮山西夜子
合至烏秅不當葱嶺之國爲通西南諸國之孔道
初二日　看西域圖攷　午後暮雨
初三日晴　看皇朝經籍攷　讀耆賢傳　先賢首卷曰後漢班彪
曰云云顏師古謂漢書諸贊皆固所爲其有叔皮先論述者固亦
具題以示後人故有譏固竊盜父名觀此可以免矣

本色感久相無功
見京之情詩之異處

初四日 讀魏相丙吉蕭望之馮奉世諸傳 東平王宇求諸子及太史公
書王鳳言諸子書或反經術非聖人或明鬼神信物怪太史公書
有戰國縱橫權譎之謀漢興之初謀臣奇策天官災異地形阨
塞皆不宜在諸侯王不可予

初五日 讀成帝紀薛宣朱博傳 看莊存與周官記序冬官司空記寔
采精審叙述以閒雅不愧補亡之作

初六日 看莊存與周官説國服為之息息生于民所服説讀息為係息
之息謂使民為國服役以償所貸是民得以力濟其急生息之也一說補

初七日 讀管輅傳 萬季野所題 證之 復讀遂原謝翱王壽跋於郭
解下篇 三日乃是三代保存者極多 是其最善者 彝 蕭王聘珍周禮學
初八日 讀匈奴傳 平帝時 太皇太后稱制 右大且渠 左日逐王 都當與歸
入侍太后 所以羈縻之甚厚 是恨也 觀鄭所言禮
初九日 讀元秘史 三書凡十五卷 自太祖稱帝以前事實頗詳 足
以補史者甚多 看遼金元三史國語解 蒙古銀也 見金解卷十人名
額 貞石遏錢
初十日 看三史國語解 兩語之呼之語 靈語之轉語 馬語之摩哩龍語

々要此書寄々何徵眷

十一日 看元史本紀 詠霓過我

十二日 看元秘史李注

十三日 看帕米爾圖說 連日將加彩本 惜々無圖 與詠霓々

十四日 雨亭過我 同伯甫過白石 看薛林吉續瀛寰志

略之稿 五大洲是喻 今即止亞洲也 未暇看帕米爾圖

十五日 紫薇放花

十六日 子湘招 陪西溪

十七日雨

十八日 寄韓君一緘 樂偉過錢

十九日 看法韵[redacted]元史譯文證補 白原過錢 雨 大雷

二十日 黄氏詩、商務策、為之有疑義、三賢書院課題也

二十一日 為黄氏詩一首

二十二日 贈子為黄氏詩 有責至附出家 說為子喜

二十三日大風雨

二十四日午前晴午後又雨 生之有家四司 鄭注不務孫不當而繼

氏以農節之舉至大凡千百二矣為之帝二族不當指農用之名

斷亦不當指孫也近人派府庫對之說並生字之不證農之紀

二十五日 訪師退錢 退伯韓 讀洪氏西域補傳篇竟

班師 當時張貴有其事

二十六日 看毛嶽生元辰犯六書列傳至辰犯傳積其學之秋行

自知之智敵甚通達乎詩書禮領尚精其義圖不繼深而險

設賊數百將又甚多林智俊傷之生一旦貴殺樣或詭媚持寵

好胃圖紀其說侵官誤謝嗟傳五之求紀其地近掺宗

怪僻。玩世不恭。偏偏要做好乱。

二十七日 看郭达禄传读罢经事实附

二十八日 看洪钧西域西地考 东坡与王庠书曰凡读书皆作数过尽之。书富如入海。百货皆有之。人之精力不能兼收尽取。但得其所欲求者耳。故愿学者每次作一意求之。如欲求古人兴亡治乱圣贤用心。但作此意求之。勿生余念。又别作一次求事迹故实典章文物之类。亦如之。他皆仿此

二十九日 看洪钧元世各教考

三十日　看元史紀事本末

七月小建庚申　初二日處暑十八日白露節

初一日癸未　看元史紀事本末

初二日　看宋史李沆傳論語云沆為宰相如節用而愛人使民以時為本

所以聖人之言終身誦之可也其言視趙普之以半部定天下者霄

壤之別

初三日　看宋史張俊傳論俊與韓世忠劉錡岳飛並為名將世稱

張韓劉岳傳論又謂俊光世附和和議二人視韓岳遠矣而

劉語光世七者不可解也

初四日　仁宗景祐三年，范仲淹朋黨之獄。蔡襄作四賢一不肖詩，以譽仲淹及尹洙、余靖、歐陽修，而譏高若訥，都人傳寫，契丹使買歸，張於幽州館。是非好惡不分中外一也。

明道元年，契丹蕭耨斤讒弒其主嫡母蕭氏。二年，廢皇后郭氏，又太后劉氏崩。景祐元年，契丹主宗真幽其母蕭氏，出獄廟慶陵。書

是於此三年中，亦中外一大異也。

初五日　歸居有懷而已，灵草記義兼張先生者

初六日　謁齋　張壽八蘭

初七日　納費送錢

初八日　送保結　納卷

初九日

初十日

十一日　拜師納贄　獨拜伯希　伯瑜　仲玉　三兄　六弟及余九人

同年團拜應省試

十九日　抵省寓鈔庫街朱雲卿處

二十四日　錄科　各文社以請先生之費之議

二十五日　省中時疫傳染甚盛，臨試畢亦感此證，發病

身熱及頭頸，余三兄、六弟、四姪、六弟尤甚

二十六日　病稍愈

八月小建辛酉 [redacted] 初四日秋分 [redacted] 十九日寒露二刻 [redacted]

初一日辛丑 賀喜飯過錢

初二日

初三日 六弟服林厚甫藥論之種識錯病[redacted]未去也

初四日

初五日

初六日 三兄送六弟回東臺

初七日

初八日　黄瑞生纓字錦　請余為江陰黄賓琮

初九日　諸貞壯弟徽來　乞有所嘗世之稿習之而之術　南縣吹續余令與針結語　換所撰多在平後傑語　謝安於浙城修其選想者　易覺之忠語　張力踐上手　社會鐘錶語　明本報説扇能毋令新語

初十日

十一日　二瑞生瑩字錦　請余為李賞沅先道　字廿六七字

二十　從京師師範學生來　與言餘友善　其人氣味俯直

十二日 丐菜题一书报之，郑以之之斋，晴四偿款五元，加宝

十三日

十四日 之晴。从日本寄归，读余为六合余叔岩字幼年 年

十八日 黄在江宁陆师学堂肄业，温雅可喜

十五日 日寓诸君皆出场，余与伯升迷，连日，伯升

魔[redacted]遇我，述之题程女士诗，嘱和之。时携西域谈来，述

年。观之之蒋女士千福，十三岁，文字差争，豪壮沉

早空知章，飞阁晚帆横日起，大罗仙。余和之曰：不似右

傷心無人五十年 美人鴻屬物 一笑康鳴心寮寰宇

獅寸地孤懷磚醉天老鍾勵不說攜手御風歸

四書義題為子生任川萬事足生體而新知道觀

辰而知且達五經義題為經義郭 匱靈年

十六日 晨眺偕仲蕃出場 雨岩晨過我有詩贈予云

記須滄海別 相逢浙水秋 鵰鶚飛君健 江山任我遊

看花人獻賦 編場不須愁 新詞亦嬿鶴龍 素蒙白髮讎

雨岩行將雨花閣之武湖阻雨而返

十七日 候汪穀臣 潘蕙人過我

十八日 顯考忌日

十九日 候丁禮民先生來畫 雪原舟同來 是晚開行至下關

二十日

二十一日 抵鎮江

二十二日 謁墓 看墳人湯有岡已故 其子名恒明尚幼 墳上事
現屬湯恒財經理 家亦在西庫山

二十三日 今日擬謁青号楊祖墓 舟子催迫未能致祭 中止

開行 午刻開舟晚抵揚州

二十四日 五更時舟人又開過瀛頭矣善新作歲寒貢庶為

閱吏所詞也雨若晨天甯寺之僧林素能詩

二十五日 同人為西業之遊孤磨雨岳中佳妙有北滄亭

芳地。東風春晚日。天涯詞那歸。渺極攜繆綿。紅白簾前作。

攜手玉京緣。兩日葉落瓊。來年春移深。皆移作團扇。

自古開江關。天涯呼小字。人向已華年。春之煙波

與終之第月。過邨為花綺綺。黃鉛黃草眠。詩白歸

途次頗有此行

二十六日

二十七日到家東地志川叩廟家人略空院已皆齊母親

秋來神氣最健能喜喜也

二十八日看六弟病已全愈服令來此第也兄明到假

二十九日磨戳名場十七回。鬢毛看老未心灰。六旬自信身猶健。

一病方知老漸來。宋玉悲秋情緒惡。江淹垂暮筆花摧。乙

料已覺應應甚。原奏至以姜泉材。孫師今年闈中題擧 作也

九月大建壬戌　初五日子正霜降　二十日立冬

初一日辛巳　厚臣招飲　梅庵過我

初二日　檢理書籍

初三日　子彬過我　讀[illegible]詩話錄　三兄往角斜場

初四日　補閱七月日報　撥儀[illegible]東方澍增印坊一千八百四十五年

初[illegible]續馬如素新例　春甫過我

初五日　馬之言過我　撰來張文貞集之末擷丁竟甫文貞年譜

一冊　譜中時引閻敬不知何人據何刻本也

初六日 今年場前兩場没過從來厰排書肆流連且坊中皆為

印新種求舊書而不得一偶拾一二曰董方立水經注圖殘

稿曰然布閣叢聞曰莫刻陶集曰續絕叢書李有方備端

者院草記和盡遺朋好既忘續習曰陽湖許亮鄉周易靈叢

真録曰董方立遺書目曰長沙刻廣雅二子刻以自饗云

初七日雨 孫師過我 讀王闿運羅馬然界伊犹可以補書 楞集嵯遠者

目極多甲綱了嘿沸上上標列雅詩之左欄表之右排王霸歟

墨之臣子出事之大師也陰陽動靜之說无與精廣之辯問

易園亦寡要絜兄傳子楷述園精緻而費周圖畫之書

博雅閎麗尤不可及矣　錢九峯園蕪荒以爲煤煙窖

叢而隱晷前日舟中戲向樓宗借子未携及此

初八日　風雨自朝至晚更蕭然不絕　看黃董石二三文乙集

初九日　雨霽　同伯齊禰甫仲宣泛舟登琅琊阻雨至午

晚同孫師禹言抵一精舍看月

初十日　仲樗過我述其開作金聲劍氣咄咄逼人近閱同

絜福楷以蘭最新仲樗最銳　幼安自其壹携兩首軒

詩来
十一日　候白石　禹言又來過我　讀韓詩橫空盤硬語妥帖
力排奡老子自道也
十二日　艸〻艸堂看菊　看俄羅斯史
十三日　譯齋語我素心蘭　游芹過我論文與為竹垞竹汀當
為緜一際之會　才力學識風會推移畢見之也　讀兩當軒詩少
年行云男兒作健向沙場自愛登台不望鄉太白高高天尺五寶
刀明月共輝光[redacted]

[redacted]同五弟諧月過伯藩

十四日 張子樹詩人徵賦日余題仲則集云黄生抑塞多苦語要

是飢鳳寒鷄識字評也 兩書之義承諸史通因臨此兩書一

十五日 讀仲則詞 仲友過我

十六日 詢叔雨亭主人過我 毛詩左氏並為古學左氏引詩足以補

詩毛義者極多今年闈中三場詩經義賦本此說未能考也

擬備采全傳為之疏證日左氏引詩攷

十七日 雨 孫師雨左粹舍午集 張左氏

十八日晴　看黃仲則詩集　與雁存、雲甫叉日暮處　送雲甫歸里

云屏依本無端別可奈雲雲畫屬劍是生平　瞻囊生還無三尺

宛 磊玉人今歸趙石城酒意雲山供醒眠　憑際心相共眠眠前

途鷄聲人相訊為道忘機是舊盟今後詩存不必道

雲甫臨飲云去年人來白下時清秋襟被相追隨青溪溪路一橋

月明泉日日潺新詩偶然轉相憶已嫌子陵回首晚江鄉今年

秋水去年早今年月水去年好錢本錯君不見問水尋山

鄰草草辛苦汪子相逢隨處我雖出彼東牆舊前語舊等

非系病餘不覺甜西風聊聊生別新秋三兩岑入六朝烟寺

中州

十九日 孫師雨亭初來同飯河豚

二十日 看菊去年花皆從泉州來者神氣較今為勝

二十一日 讀仲則詩僅二十卷歸則新安程孝子｜敘述曲徵

千載如生 三兄有函來云館地尚好 其人示我舊硯，

右邊皆有銘曰冰所凝雲所成亞於玉冰於冰是為兩洞之

精英美哉至寶長離名下四字曰禧款姜後曾汝氏物也

二十二日

二十三日　同志十三人為能摩書會（蘅皋詞丈、弗臣、樵一、仰蘧、楨甫、子良、如如、樗材、勇石、伯龔、余及六弟也）書才七十徐鍾音徐園擴張

二十四日　讀仲則詩

二十五日　南闈昨日揭曉（如蘭弟、竹坪叔、繼輔卿）中式丹徒凡七正三副，吾邑屬武甫高列第三

二十六日　讀仲則詩

二十七日　讀仲則詩畢，可題辭云：漢代貢董暴蒙襄，讀書

擊劍氣難降此身不合詞人老程〻聲吟叩北江虛室偏

鄰〻獨外身僑時才具儘灣洿舍宅來入七言宮集即有樹楊柳

主人日裕蘇詩傳采石黃金買白動長虹鶴飛一任天南北莫

恨書時引賤難〻帝 上 誰人售鐵錢菲〻似眼能撓撕風雲

題絕文辛丈廣春憐金達登仰集

二十八日 以詠詩呈孫鄉〻鈔等晚作矣 天候溫煖午後

沐浴晚適 以書館西園從稍人易硯〻之猿子所 有

夜雨

二十九日　看蹇用衛生自強法其論烟酒害最〻痛切惜不及鴉片害

亡國本毒吸之毒　書為日本人著　梁任公讀陸放翁集云詩

界千年靡〻風兵魂銷盡國魂空集中什九從軍樂亘古男

兒一放翁　過馬玄伯譚　伯譚新得爨龍顏

三十日　研齋過我　天風驟寒　過蘅皋觀所拓本集王聖教

序　讀張文貞集

十月大建癸亥 初五日小雪 二十日大雪

初一日辛亥 讀張文貞集 視吟白痛

初二日 伯寅假二爨碑 近搨龍顏無遺之恨 余所藏本尤完具也 讀張文貞集

初三日 過弗陸兩言抱一 讀張文貞集畢 集凡十二卷 其中如復國學積分疏 傳謝祥議 順治錢糧戶口紀 外國紀 擬瑞山旅居青山紀功碑 具見元輔經濟之大 丙午浙江策問五道 時經國剏百度具舉 香巖近集皆中窾要 香光論書局

深矣。

初四日 仲安同能學書會 惟能有同趣 亦愚過伯韶屬予題

名為言詠黄仲則詩集 云下愧素才迴絶倫 乎指諸華巳

入神羣詩白袷真名士 自許青蓮作替人 書劍頻年倦

倦遊江山到處播音聲以哀以身世遂知己不以窮恨深懷

隱淪 與余以第三首點并一筆

初五日 書會已聚十四人 有詩不拘古體 者衆 因為七律一

首 蘭亭右軍久凋殘 暑氣甚知昔年不一記 懷感高賢撫掌

石尺書

殘海氣象不礙情瀾敵眼驚魂定義氣雄為嶺下護度
寰宇仍風光若定而後之視誰拈圖史一非境

江蘇拒禍鴉片嗎啡為妨害身體之物毛之極是理

初六日　看南海最近所見書　過鄉臯峰仲家

初七日　今日前の五十年孫師經訪云吾十年前已新之情乳熟當年呼
小友今日已衰翁但足千秋壽何妨一例作船平生好何如莫過窮愁

著書好才調風氣高古之極得意文章在半身懷忽積來成歎
後嘆其所以好多懷此風雅一嘯歎

初八日 下午赴宴晦日報記東事甚岌 夜有雪

初九日 早起見巖際殘雪為朝曦所融氣焉有生詩

大陸根原人幕揭地層以徵時代理想奇確

初十日 紅面紙冰雲之未淨之 江南開藝元魁請作題字

額頭

十一日 倡粗暴之說而反之曰豪俠以卑鄙之事而飾之曰權變猶是

我排議之取方也自反之用曰結國誼猶是我衰弱之現象也乃

反之詞曰和平之競爭讓人以難刑罰之曰公法擭己之利刑借之

日權利。蠡懈惰貪，難於肆權，權之惡德而稱之曰自由。標饒食甚居禮見權，權之小節而考之曰開化，推人責於利，見是之旁觀。派曰正其天職焉。說人知識，則曰是在愛國，是在愛種族。人。

記蘇洋之篇，虞踐而知開化語注疏，抹殺不知何人係之之針砭，可為剽竊新說者生存鑑。

十二日　讀三國志諸葛武侯傳

十三日　讀賈新語，多述穀梁義，賈固嘗學在秦，所已共證矣。今漢魏叢書本新語雖非其舊，然為宋以來撮錄，固自可寶也。

十四日 三兄來札云作課須簡日作與古人體對近作專史記

歸文 謝恭愚殘維後 二兄晚母往鎮

十五日 母舅今年六十壽自名壽聯為賀云 神仙加百年其氣到大椿八千年為春秋 送去入抄

十六日 晚食後讀月愚遠蒼濟禄本有懷作六作體為詩一首云

飯閑佛塵受昨已消漢蕉論摩詩說水電表禮起笑人塗隨

一樓閑坡印兩煙千層升殿讀詩藏特破舒懷喜

十七日 復三兄一緘

十八日 讀穀梁隱桓莊三篇

十九日 讀穀梁閔僖文公篇

二十日 讀穀梁宣公篇

二十一日 讀穀梁成襄昭定哀公篇

二十二日 ● 叢報續來五冊合前共六十二冊 看王壬秋湘軍志

二十三日 孟子惡佞恐其亂義也。義當讀威儀之儀

讀扁舟載酒詞。詞為江鄭堂所著。顧千里序云：讀者知其難也

美易知其二字之大常徐難

二十四日　看江藩隸經文其原名篇與余向諸署之經說合叢書本有續文一卷而著書後未刊也曾釗序隸經文云後世溺于詞章推唐宋八家為文宗甚推根據典禮辨訂經傳者皆外之曰攷據家者不足以語文有高手至騁議論竊占一談即多甚至塞究佛福說擺落諸難未免過正雖然以文雄者固未有不能根據典禮辨訂經傳者也後世諸文者沿八家之派雅亦未溯

午後開　晚微雨

二十五日　[redacted]　訒庵過我

二十六日雨　三讀漢書，馬班叙游俠議論不同，熟而以失論，同籍之與能守義

嵩今排法古書學校外事，法公立學校試驗地，完實統費要言規則業

志士仁人無求生以害仁，有殺身以成仁義

二十七日　為馬班叙游俠語，其不同，要以古義說之

二十八日　雨，卷過散　二兄自鎮回

二十九日　讀某人所撰孟子微，其言孟子學本之公羊，與余往說合，其以

通條喜錄堯舜，師文王為孟子全書根本之精實，其說亦是

仁乃天下物命，三世之首列，發揚以証而推之事本領，深不量能發

蔡元培

迫迫言此事者多极偏为徒手纠缠已久矣

三十日　看江藩漢学師承記

十一月大建甲子　初五日冬至　二十日小寒

初一日辛巳　看漢學師承記　心舟三十生日　李倉諸子为侶乐之　心舟近能為體操自強之本務也　當觀黃梨洲馳驅山寨之師与夫顧亭林氏謁孝陵亦謁思陵南北往來不已倦遊因其生誠鬱勃慨然懷氣諸精實尤足以副之也　梨洲年八十六　亭林年六十九

初二日　讀後漢馮衍陽球兩傳　球奏罷鴻都文學生言若日本學東觀之以宣陵而已擬太學諸生自桓帝延熹九年李膺等黨錮之獄捕逮一空靈帝熹平五年又復錮考諸之盛者諷之帝弛黨禁不

桂謂鴻都也

初三日 伯瑜過我云將往淮城 李仁過我

初四日 看徐天麟西漢會要其禮制說紀事本末為小字列推說通行通志為略然就一代之本史采精彙萃可以省讀者記憶之力可以略已部此屬之用固不可廢也昨以趙彥衛上書刻石以為上書典禮自漢以來為臣下投下子書名疑未能定今讀嘉禮門論述甚詳 並書表樵丞說 足徵

初五日 賀心母生日 看西漢會要 心母擬為東西史紀事本末

西漢會要 三兄來札諷余近作沈思遊諍學以保雅 北江

西外罕有比倫要務過矣 並責余之情閒極能教也 紉安來札

有和余韵詩其集四首云 少年聲譽極無雙 虎豹家影趣如忘

歸 某有憐才語老學知音晚更得冀江 偶從人今日論終身

桂氏好同草木淪 天予我以文字福 太平時節一詩人 風聲

吹入全家塵 要我題成兩字真 詩史 又傳生日月 萬人頭誦

步艱難善罷常空囊中錢 生來萬樣恥事柳 才名何與

孫洪伊陸是龍素之道年

初七日　顯考生忌

初八日　詠之招看晚菊早梅，坐至薄暮。仲擇詠之邀往齋盍

精不厭不儉，君子欽貴。讀書雜小勝經，公務之國家瞭解亟常

爲贊郭記忠慾是本草詩話之文，漢世重禮賢鄉[redacted]然（惠正）

是時下子求神仙，丞齋方士人之托學丞者周后福事制倉之

道國甚遠矣。大風

初九日　過仲擇　看讀會要　讀郭記忠忌石祠有詩人吠

施粜之属，盖周秉仓居法部之遗风也

初十日 看西汉会要，龚遂为勃海，劝民口种一株榆、百本薤、五十本葱、一畦韭。昨阅翻译河南乡试归云，该中人多食榆，遂令种榆，盖以补谷之阙，故与葱韭类列。 食货志：元帝即位，诸儒多言盐铁及常平仓可罢，毋与民争利。元帝纪：初元五年，罢盐铁、常平仓。常平之与民争利，世罕知之。

十一日 华云张佐彬移栖之佛邸，以往大宦之宅，郁不啻死，然后知松柏之后凋。传年毕到今郁，出示足不死者，栝柏丛之，松柏贵如此而不得

柯為葉小雅云如杼柚之微之乎不知武成鸑云者之相承之者袁蔚茂也

于六言突部相也惟柢柄耕也而左各居書之單平篆枕柄國多而

擬聯也後聯為指大宅之之篆言以證極確劉氏西義語以極言之

可知也

十二日為石太翁前日逝世翁年八十有二重九生日今年七之壽白

老賊內者叛專自長承執白健之去[redacted]

[redacted]讀張仲景傷寒論序之言

七感往昔之淪喪傷橫夭之莫救乃勤求古訓博采眾方撰用

書藪所未所錄醫經七家三百一十六卷佚五十一家二百七十四卷

皆將推論見一斑焉

十三日 衛署招飲，坐客為余與壽安、仲安、少仲、鄭伯韓、伯蘭、張君

余與有修書入會之議，又述廖季平治穀梁已有微說，數種見之

於京師；張孺徽肆中得以舊稿題其書，旋即隱去

十四日 衡泉過我，述東吉有興學之議。余與語余注小米園詩去注稿存

及藝風殘異[redacted]南菁後經解刻有蒙正無殘弄稿存[redacted]此乃家

刻本也。又語余[redacted]題之處，疾稽荒兩種

十五日　雨。亭禹言以舟次第過錢。仲尼之徒嘗走於魯國，洪雅存之言也。孫淵如謂語語言道于秦之國，節用孔子未嘗非墨●●。余謂墨在孔後，孔自是由儒之孟。墨學實由儒出，蓋道于秦之國一書，皆墨所本。言天有鬼，蓋本之說也；非命者同儒之說也；墨書非儒書。人所使之說也，亦精於實用●。既述孔穆之學為愛假之說。淮南要略謂墨子受孔子之術。

十六日　為此省之內政案軍令論一篇。

十七日　看起之慶疾。

十八日 細雨過我

十九日 陰 合自殿觀 張弼風戰圖 筆譯地 凡三百七十四事 中除陰山付

偏鶴來集局 銳與錢擁衛子翰二段 僑宦二十九年 四單不返 齋 於所貿

吾先君酬漢學談 晨王書歐印新九條為段核事實正訂自讀

至餘三百六十五條為地釋也 皆 又殿觀漱蘭師 託蘇任承國史館

移儒林文苑循吏孝友列傳札咨 [illegible] 一冊 自第一次彙

送書冊為張自題 以下二十五人 自第三次彙送書冊為孫逐兔 以

下五十六人 吾家瑁屋以研經堂集鄉雖 公 會董之字集 當作第

二稿彙送

二十日　張崇蘭右文書札議操閣重之文協廬文釗張諴方之惇柳崇
宗諸先生引經據異破段氏之桷補錢氏之闕柳興宗穀梁大義述宏綱具
舉細目分張方之孔劉備令詳別時徽蘭先生批丹徒學之學語
也可謂定評　閣送培後唯柳興宗[redacted]頗入儒林　批語又云
前修列諸文苑儒林共三十人文苑二十一人鎮江不居其一亟館氏舊
誌金壇丹徒丹陽溧陽之縣又無其保存漁閣霜里乘無之得
以上各書彙為一類列張孔劉抗孫張與龍袁諸君先生相石

為難者甚左讀足矣能列張之為書柳之說文是為史館所

余有此介以與龍素論先為難之故穀梁大義述張以阮

文達一序舉而見細耳

二十一日　閱丁子衡述之兄館地極佳　余自得廣刻本文史通義識多

精微內本凡一卷十篇　看起起廢疾　四益館穀梁春秋外編之一

也其未刊者共有集解糾謬二卷穀梁先師遺說考四卷穀梁大

義疏證四卷穀梁傳例疏證二卷穀梁外傳二卷穀梁決事

二卷穀梁屬辭二卷　樹本末一卷　穀梁比事二卷讀穀梁瑣語四卷

穀梁七等進退表 穀梁書日月時例表 穀梁事制表 穀梁廢疾表

穀梁善惡表 穀梁六國尊卑儀節表 穀梁一見例表 穀梁

三言例表 穀梁內本國外諸夏表 穀梁內諸夏外夷狄表 穀

梁內之事外之事表 穀梁尊大事卑小事表 穀梁名號中外異

同表 穀梁諱儀刑嫌隱免表 穀梁尊雜表 穀梁加損表 穀梁

從來表 三傳之精表 三傳師說同源異流表 君氏當易名學子宲

經例禮制三表 三傳異禮異名異例三表

二十二日 兩日當南風小正時說合久必推南風理之基占

廔梅菴一樾

二十三日　讀孟子正文

二十四日　湘舲和余題屋書會一首云　沈沈更漏逼宵殘。歷史新圖仔細看。家風形勝重夢。海鷗無力泛狂瀾。誰求舊史同衰病。丹楨松如坳紫柴宇。庚信和韻同此解。莫將詩卷擬詞壇。

二十五日　驟忽來自鎮江回　看三國會要

二十六日　過湘舲齋見湘潭胡氏翻毛晨影鈔本陶詩彙集

蘅皋賞閱湘舲作此詩和之篇云　自植書叢守叢殘。校眼誰知撫劍看。崖出新年讀息壤。武人宗宗講植雅淵。勤求良藥除惡癖。翻饒湯素翻酒寶。慎勿英雄思用武。惟吾擬寄此柴詩壇。

二十七日　舊價書肆曾見珍藏宦遺書全部　以錢乏未買中有王引之經傳釋詞十卷今頗思之　三兄自角斜散學歸

二十八日

二十九日　伯父明日啟殯今夕祀奠　夜雪

十二月大建乙丑 初五日大寒 二十日立春

初一日庚戌 雪霽寒甚

初二日 三賢課題羅刺史置州牧論 錄舊作北宋以賂償怨與蘇校閱

刺病迴剝之政爲立策息令息兵息民信之矣義教以武羅方進共

秦羅刺史置州牧之意引之穀梁用青論錢之說柳氏大義述經

師門有方進之意武是也未采也長編錄之進何武子之事條不錄未

拾得此意亦殊

初三日 仲安和羲會詩云中原文物久凋殘一息猶存見生看

東南各地爭戰擾攘秋來起渡滬難化石天能補接回
春地不堂兵戰不成謀學戰誰模牛耳上文壇
下潮喊雲詞云雨地風凄急連飛雲躡等閑又是黃昏晷回根
冷夏齋作勢陽宵攪擾吟魂草路宵浙放滅多少香
哀晚湿樓罷在放登樓如樸舊樓正乾坤真個是
中原乾淨土被茫茫一片歷偏黃龍蔡城俯衝雲破
陣四道池亂鵝聲哀哀僵臥歎庭前戰鐵年年多酒
閑燈炮下雲地哽甦歸人民黃滿群山

初四日 衡峯招看錢雲 仰蘇過我

初五日 母舅六十壽辰

初六日 同仲樸過訒盦

初七日 讀韓昌黎志銘諸篇

初八日 鸞龍乘鳳經歷跋 遠懷珠憶玉寵貴白光張庵仰書

趙孫老殘句也 握子良出以示同會諸子

初九日 衡皋過我述堯君仲玉於前月歸道山 猿懷燮已病

痊甚甚君為我治之 適某見之 懷之 問君治今年壽

中風臥居藥漸解居難堅有獨懷晚節書呈長子銀燗

燗身後尤暮索可歎云

初十日 讀思古齋黃庭經一過此本瘦硬異於他刻云是褚臨

也

十一日 好雨竟日 洗硯 讀屈賈合編 卷首有武陵楊彝稱

兩像讚云 紉蘭為懷 勝筆為帶 有韻脫穎 猶是纍纍之態 上征

扶風下悅 渴擇遊無雲鄉 濱有遺珮 屈 賈側荃席朋鴆

此謹用符湘纍 是用心雖偶逐先雲 話清趣 禁招遺甘從渕

敬获雁翰風彼循跨以饗慰葛賈

十二日

十三日雨

十四日晴

十五日

十六日　后以財成天地之道輔相天地之宜以左右民　震為翻譯居為如主根

六十四卦象傳言君子以者五十有三言先王以者七言大人以上以后各一

一皆不詳如未不應此卦摘其且振傳后以施命誥四方言辰隸后

為經讀君同文異說大不可通此傳居字當作從經讀君之訓詳
君居下說相印云經讀君別經讀為居字本義如書乃當引申
義說經可以本義為主說振傳已非用本義也詳居此篆下正引振詳文
唐李善經觀風見此說頗為更說之　讀黃庭經
十七日雨
十八日　過三兄論學
十九日　抱一過我仍同過三兄
二十日　母親壽辰

二十一日有人持蓋李千袁臣冊求售於衛自奉曰大易拾遺曰詩

譜曰以雅談白月以蘭以篇拾遺序見心者名為煌雅在里貫

皆不可得閒觀其簡序稱書成於周易於中之際皆為絕

索以示人矣易說之程朱詩說之鄭衷漆基游以空学者

也以世蘭自寓云云盖追作也其自相蘭白描水仙係西亞絕句尤妙

崔花風流久消歇美人俠骨沉泥土英雄及士珠好色視居

家一貴陽人亦如花迴絕麗為花寫照畫中人矣歸攙鬅鬙

鴉鬟髻為清波賦洛神雜作蓬屋真面目摩挲拂鏡日海棠鬟

共勝只是浮顏色唐底報春白綠陰一任隆春不管任管今
交纏進罷戲時箋下重尾語携君相復降西邊
二十二日和閩山先生查將洋水長律二首即次原韻云鴻都立學
議紛然下為經師錫老年風雅久傳車湯湯曉徵言聽
鼓田田徐將魯壁藏經簡并入中和禮石編撫目儒林傳上事
却不須張閱競傳前輔弟傳誦博士張睹前日鼎足美郡
庠銀燭細酌官以屢而紫桂五聲秘殿玄和遺世艱說眉儒
漢儀起時賞難函泰楊縉帖開至真風流載擬屈取論李

長五代之元云东當雲之得以歸然壹花田上十興年吋依

髮達識徽闌舊業銷沈倒井四博士尚遺業弟子壽人臺詮

濮誅篤蕭瑞寫之經師八十中甲上議殿前詞源學派堂

安張西漢推今古對庠並史高名借白雲殿圖像典型卷居

霧庭蠲積楊新方術煩素極岂屠涵揚我知汝陽門

下士念眉祝引壽杯長

二十三日

二十四日

二十五日大風　讀後漢書鄭康成傳

二十六日　過禹言　二兄自鎮歸

二十七日　過仲彝

二十八日　於書攤得英人蘭斯得所著俄屬游記張序語云游歷起自烏拉山東瀕彩爾薩河而入伊犁經數四千觀布哈爾暨基發沙漠南及於木當臨鹹海而旋歸爲此冊不知何人譯　過丹黃堂棣叔小舫淋第一至而讀亦頗有誤處

詠齋語余水仙兩本

二十九日　勁安高之過我　閱俄日有開戰之議

三十日　雋請為穆先之正子晚經由蔡十二首　振之追者一倡三嘆

有古人也　夜雨襍雪

龍学使給貢單　光緒廿一年二月初四日刂

捐年二十六歲　於光緒二十年十二月十五日捐

光绪甲辰　三十年

遐年簃日記

光绪三十年

正月大建丙寅　初五日雨水　二十日驚蟄

初一日庚辰天氣晴明　讀黄庭經云洗心自治無敢污歷觀五藏視節度六府脩治潔如素又云物有自然了不煩垂拱無爲心自安　道人多以道家之語爲清高殊要必爲自治節度於先而後能垂拱無爲之效　道家固未可非也

初二日　温穀梁傳，看俄屬游記

初三日　途見奇石感而有作云　天然不欲補　斯材委道旁　敢辭頑固誚　猶視廢終場　賈宋華尼父　鄙韓非子　勝只憐　難以垂急就章

起狹桑 夜微雨

初四日 讀漢藝文志

初五日 快雨竟日 看漢西域圖攷

初六日 桐城陳靜潭撰江表忠略二十卷 專書節 述兩江將吏紳

民殉粵寇之亂者自敘籍貫姓氏是非得失之皆詳記盛衰之機栝

而篤信天雷電之靈極所謂庸諸鬼神而不去輕嘉善之庸俗者

初七日 去年臘月廿七日中外日報有傳單 述日本戰勝俄國兵

事方聚議而不可解也

初八日 心舟過我 過壽庵州署看梅

初九日　看俄屬遊記，是雅庭基在納林河、毋兩河之間，是時為光緒八年。書刻於光緒二十年，有李仲約、朱蓉生、沈子培諸校語。

○同春曹芝齋禪寺小坐。

初十日　吳子序城南書會圖序有云：善讀書者，勤慎所存之謂書，而難焉，毋曰難而已，必也說之；說之者，善之所以難，他日是以思也。觀說焉而不得，善之所以難，是以為之釋也。善讀書而信焉，毋曰信而已，必有說焉。善著善之所以信，他日有以擇也。觀說焉而不得，善之所以信，有以為之徵也。退然而讓，曰吾未敢，善讀書是自欺自屬之道也。日本塞來者之術也。按吳語著書、讀書語極明快，可以

破山傳誦讓未達之謬

廿一日　同仲安過　三哥觀作草書　吳野人詩以齋初生云我

知生於墨先生梅花翁之房人修之以蝸舍在濃之前破庵唯

餘竹殘鐘不見煙陪據仰相沸擁褐憶昔年

初三四五日振詳述旅順濟物浦日本兩次請戰情形

十二日　禹言子安過我談談年所同往南部採梅後至張仙家

觀牡丹芽

十三日　文翁送張琳等十餘人詣京師受業即今所謂師範

生也

廿四日 讀王壯武公傳。公所著有練勇芻言，實文正公湘軍
制本焉。又有陣法新編，正法而方陣、梅花陣、劉生輕用以勤稽固
哭驍第十四人能入虎至誤，其大要則曰：氣盈、王而神盈。欲朱
孔彰功臣別傳載公與曾語書云：昔難以孤軍遏極陽之寇
丞危之地，不敢輕求應援，亂身之命懸人手，功也實以冗禩之家
事。而如少/林等諸之卒，是不如無；況更延久圍，收火其使之蓋熱營
保守其語，大足見公當時之事。
十五日 早微雨旋止。與鮮之游西溪，見寺壁畫馬四首，二銘款，二錄縣
是張小齋也。左方有歸華庄信題詩，七言云：風歸詩讖許也

流泚不生氣材情長于畫作不知何人若雨蒼筆乎書否
為右嵩也
十六日 兒子昨為游西溪留觀廟藏右[redacted]鄭五律一首為潤色之日曉
野覺風早暮風吹送迎循溪新水流入青右懷生其插
荷朝鐵疊氣海道岳遠陽子峰史誰與[redacted]胖東征
看出曉畢
十七日 今年春到殊早盆蘭一一放花庭下梅蕊一一紅龍
西嘉 讀舊唐書薛仁貴傳仁貴東征柔為舟師錢是
益海野地之稱長西溪右岳託為唐物所自來也 夜雨

日損記初九日旅順又見戰事

十八日雷雨 鈔酒邊詞

十九日大風落春微雪 鈔酒邊詞

二十日晴冷

二十一日雨

二十二日雨 温亭林淵聽雨家詞

二十三日過湖齋觀梅 今歲所為題某居梅雪小影菩薩蠻詞云

今儂花向花林老 攜筇乍見江梅好 領略到清寒 天涯花似儂看

東風消息緊 錦苔都舉館 朔雪滿江南 銀箏且罷彈

二十四日 温黄仲则诗 仲揆过钱 十六日日报论中国北宋结女直攻契丹，南宋结蒙古攻女直，未为失策，其说极正

二十五日 从仲揆假亚洲历史地图观之，俄国铁路起圣彼得堡，南而至莫斯科，迤东经乌拉岭，又东而过多渡削河、额尔济斯河，至二河慕斯科，又东至库拉斯诺雅尔斯科，又东绕贝加尔湖，经恰克图，迤北至尼布楚，又南东过什勒克河、额尔古纳河，入满洲境，是为东清铁道，至傅家甸曰哈尔滨，自哈尔滨而南，过松花江，至於旅顺，来至旅顺而止，南经山海关至天津，至於京师。自哈尔滨东过松花江，直至朝鲜之北境，又北而至蒙巴罗维佛加

二十六日 看白山黑水錄

二十七日 過湘龍商訂書會議，即赴貞石伴樗

二十八日 伴石樗飲，余自集蘇碣字為聯句，程仲安集虎云有黃及

擬出戶右不能市，湣然在中——

二十九日 看外交報

三十日 風雨，詠唐孟珌穠示所為滿江紅詞云：傾斤东風聽不得，遼陽薊笮

鼓月在龍圖，書笺奉梅花，綠窗伏櫪[redacted]（那攄傳玄曰）開了，醉痕濃，鼓，今兩

擬訴老壑眼，是誰眼，辭此詩。祖不者支那，王推不者，东情揞，看中

原今日維樓樹帶殘，常歸空離，蕩漾，倏為精衛嘆，何補山河

徧地長烽煙8 下毒語8

二月大建丁卯　初五日春分　二十日清明

初一日庚戌風雨日食　還書譜儁卿此本斷舊惜中脫數帋

讀史記循吏傳石奢縱父自繫不私其父非孝子也不奉王法非忠臣也王赦其罪上惠也伏誅而死臣職也最後視吾子爲置舜父之獄尤

極周至循與酷對文吏言執法之吏之能厚精審法令刑罰之語

循良承教愛民而所列皆賢良郡守不言其執法本義此之謂

異於馬之一端也

初二日　書會第二次開議　薦友十四人新增四人　歎松甫　武容白　張蕙宕　張福仙　周仲嘉　田澍如

綜老僧　歸幼溥　以每爲能擧書會記一篇詳瑞澂宕屬起稿也

初三日　日報記正月廿四日日比旅館晚餞犬毅石等談領袖現今世界大勢談之者曰

歐日本等今日之中國不務為觀內省諸雜素以圖張國力養民德而惟之然樣事

尋言觀者了下手者洲之形勢而誇不知本矣雖然然見要火宅而甜睡者

人臨深池而攀弱枝者彼不知其險象耳已矣僅甚也無兄毛撮而深入

島觀西施而爲醜者彼不知其美者而冀其爲也然則今日中國之人

者不能反觀內省謂雜素以圖張國力以養民德者何如國之於天下乎大

洲之形勢見之者未察耶一種當能游目於本國以外觀他國所以自隱之

道及其所以謀我之術一一按其窮竭其微而國以自審其言而其醒

然汗儆使背劍及戲及以償予於世界競爭之場者然則謂國民退

現今世界之大勢甚不如詞費也。歷地海外日報紀典之籍，係譯美人雷復氏

所以有十九世紀者世界之政治，諸丁士氏所以著平民主義與帝國主義，因李

人謂由利己既所甚者之帝國主義論，其書因揭諸至言恭以已見者

為是帝之國不在其家，觀之世界而在主觀之中國人也

初四日　夏叢仰彭過我談禪

初五日　種蓮書會又談入一人　楊鶴壽　陳苕舲來談地球

初六日　同艳一薛廬看梅　三兄過我，電和吳詩，寫杏樓

初七日　李文肎說孟子夏校殷序周庠云：立太學以教於國，設庠序

以化於邑，蓋不離之之帝莫也。於在漢代設辟雍太學之制，於是弟子

胄子設備於京師而已，自後天下郡邑亦設庠序，孔子而後學者宗之。中
世郡設天下至州者皆有立學，而縣之學士滅二百人，縣為之少，則
不能中律令。蓋州、郡、縣長不設之學，三代相承亦如此。夏之時
鄉為置校而已，殷之時州莫不有序，而至周人備而兼用之，而當置庠
以鄉，此自古及今學制浸廣也。然文貞此說亦甚當，庠者序
鄉校皆鄉學也，而黨統於州，州統於鄉，以今制證之，庠序即
小學，黨校則中學、書塾。

初八日　丁祭　看丁福保《衛生學問答》，其上篇曰總論、曰全體、曰飲食、曰起
居、曰微生物、曰體操、曰治心；下篇曰衛生病淺理、曰衛生學門徑，凡九章

甚起居每言屋宜朝南早晨時宜大開門窗每日宜一二刻至

曠野行走讀書辦事之人宜得運動之法令食歸時宜氣來之至

宜常見日光衣服要西晒宜常洗浴身體皆切適可為佳

微雨

初九日 讀說文女部 首姓氏次昏取生育次族屬稱謂次字

婦次容貌美惡至大要約分兩截姓氏昏取生育族屬稱謂

種類之說也字婦容德女好育之說也身上古迄於秦漢如學

種族備存於是 婚禮闕則婚之也嫁之隨也無隨則無婚則之義

也錢無遷之說 仲梓過我

初十日 看美洲通史 禹言過我

十一日 看尹彥鉌劉安篇書跋於光緒二十六年 當庚子亂後 今又過五年矣 時移勢遷 言之中原不適 以書其目 十四 曰改革 曰師忠 曰此年 曰官制 曰學校 曰財政 曰兵役 曰內治 曰憲法 曰刑律 曰屬藩 曰公權 曰外交 曰精敎 曰抱一 仰撑 矢石 伯瀾 揆甫 沅丞過 仲飛觀 鐵梅

十三日 看美洲通史 其書凡十八篇 第一地理人種氣候生產物 第二殖民時代 第三競爭時代 第四革命時代 第五憲法確立時代 第六七八憲法施政時代 第九文明史 第十技藝執 桃源戴彬編譯 光緒廿八年出

溯西曆千四百九十二年哥侖布發見是地至千七百八十九年華盛
頓為大統領甚閱三百年合衆國之福可言也
十三日　讀史記吳起傳起嘗學於曾子其說魏文侯之年悵恨之甚因早　祝苑進本
然傳之記學者為魯破齊為魏擊秦為楚平百越卻三晉之著春千
以爲信能忠賢憤其軀甚可惜仍以為已往死而后已者四馬讒毒
讒世疑忌賢者之罪觀於李克語於魯而好色之材之儀則稱
至節之厲善名[redacted]其厲如鬼亦知不受
非如好色起之為人固自有不可誣者且史記敘起之罪略附無殺
妻求將論與非或惡吳起之下尤足驗其為謗言也

十四日 往西溪觀桃花 春秋莊公三十年 齊人伐山戎 公羊注 操之已甚

明休沈戎之下地之所生退谷之甚庵 拙山戎为並生且爲齊建當

桓公時嘉之告急于齊 出師往救拄騎寇方張之毅 復字芸蕃

碑之帶 桓之此舉 大義凜然 且休曲約之手 於通論也

十五日 過中樓殿起之寅日本刻要東地圖

十六日 西溪書院甄別 為六等 擬元郡和林考之史地理志 語和林

在哈拉和林河東 以水得名 蒙古將牧 記標斷陽主 作高昌偰氏

家傳 張參議記 月云 為古今宮音議 顏右西蕃中右領之東北

鄰當特鎮之西北 就宫保 德明蒙古記 語在杭愛山之南部

爾坤河之西域圖、圖志及何氏朔方備乘，依唐代諸蒙圖說所
圖大略相同，並誤指和林河不得列和林位置以定標通鑑輯
覽特穆津稱帝一條下云：蒙古與回鶻所城和林接壤。注曰：唐
時回紇牙于汗業城，喀拉和林河東拔鋭西。唐北徼諸國傳云：回紇
和建牙於獨樂水上，後徙牙於烏德鞬山嗢昆水之間。嗢昆即今鄂
爾坤，則喀拉和林河之鄂爾坤河不遠。內府輿圖鄂爾坤河
發源於喀拉山，自山而東，支出者曰察罕鄂倫河，合而東北
流曰鄂爾坤河。鄂倫與和林對音，和林河猶言鄂倫河，
自是源流之曰喀拉和林河也。並列之都者今察罕鄂

倫河之東，鄂爾坤河、塔米爾河兩河之間，杭愛山之西南也。惟附
日本所為亞洲歷史地圖，以和林於土拉河之右、鄂爾坤河之左，
似誤。

十七日　三兄寄杏廬本札，語和詩極佳。劉申叔以為精深，余比義山
鬆脆，余似錢翁。看魏鈺臣源昭外蒙古記略。

十八日雨　三賢書院甄別課題：張良李泌合論。

十九日　新唐書李泌傳，據泌子繁所為家傳撰錄，而與舊傳迥異，
雖通鑑亦采家傳（見段異）。摘錄帝太子及肅宗寶乘為相時事，
書之。歐陽、宋祁所著，十七史商榷謂其於與舊傳之異，不取。

虛實豈不然歟

二十日 四皓事通鑑不采 張良嘗學禮淮陽 為子植黨以制其父 良所不為也 溫公稱高祖為兄推諸呂不附趙為太子之議遂已其說 甚正

二十一日 過仲捊寓言

二十二日 雨 赤十字會據（叔）推西曆一千八百六十四年瑞士國人顯理滌南脫氏所與盟者十一國 今則有四十餘國 俄日開戰 遼民罹厄者不可勝計 上海紳士議立此會往援 亦義舉也

二十三日 雨 蘅孝招看玉蘭 仲捊前日為張言李泌論語二人皆能

持社稷之危亡者举国剧中兴诸将信语意色栩栩亦生动有情

二十四日 看宫崎寅藏落花梦

二十五日 荣恩来阅经义

二十六日 风雨 属意遗戏 读公羊传桓二年至隐嗟桓残刻隐之年

所谓子以母贵者本不尝嗔后日遂为子卑也微信三年讥信

公羊依傍郑都等理冤狱四百余人精识录子不云而得谢两指出

可信见纬书公羊学者识纪公羊一书之宗旨说公羊者以王者之也

二十七日 读公羊传孔广森通义叙 言三科九旨之目云春秋之为书也

上本天道中用王法下理人情不本天道王法不正不合人情王法不行者

道者一曰時二曰月三曰日 王者一曰譏二曰貶三曰絕 人情者一曰尊二曰親三曰賢 其說似稍以休新周故宋春秋新王見異聞異傳聞異內國外夷內夏外夷為善 近人援引緯書中何駁孔但崇家傳不顧經旨殊無謂也 雨 訪齋過我

二十八日 雨 讀公羊而後知緯說則善矣

二十九日 三日陰雨新霽林霧盡出 檢日本星野龍倉所為滿洲圖其斗入海者曰旅順迤而東北曰青泥窪曰大連灣曰柳樹屯曰隱大澳曰貔子窩曰大孤河曰青堆子曰大孤山曰李家嶺曰太平溝迤逶而為鴨綠江口至旅順口迤北則列為金州灣為石河驛為復州為熊岳城為蓋平

为营口是为辽河入海之口又东北为铁山水道则在旅顺之南大钦岛之北

三十日雨　还录两首新诗　胡文忠所刻舆图极印两浙粤闽两海幅未足

之方位黑契丹之故墟其措置标识有无讹误试详阅之此唐学使

观风题之一也　黑契丹即西辽也

克己所以治怒明理所以治懼猎之谈

三月小建戊辰　初五日穀雨　二十一日立夏

初一日庚辰雨　過禹言段　劉禮部集之中有夏時等列說其敘云蜀劉氏辰孫蘇先生為之夏時之等文約而旨無窮與春秋相表裏出於公羊說之義例本諸之又云莊氏所公羊春秋注補音義等書多在其中矣言據此則莊非小正業極詆詩情不明者之全書也

初二日　過錄雨香軒詞即完畢安　禹言過我　讀新唐書顏真卿段秀實傳段語史列顏語文史沈炳震新舊書合鈔殿本校勘記中多列其說溫公通鑑多采舊書朱子綱目多采新書一兩字之賸一兩本刊之異　雨

初三日雨　推帀攤以對泰甫贈鮑蘅甫詩一幅詩曰山水前緣信難以游

踪何必論通塞夢想西湖三十年清暉勝概無先識去秋匆匆江浙棹

奇志上南屏舟三度登臨君艸艸壯懷篤後誇同儔鮑君卓學東亭彥

風塵話舊重相見道是湖山勝故鄉昔蘿仙境猶依依無日不移輝光追陪

霄雷樓初月對門潮君已知尋懷筍假我慚虛度鬱蘭橈蓬蒞蒞歸去馳

塵躭俯仰低佪倦遊趣雄埒青衫句後論卜居何芝鷗鳧長今去寄槎

皖南邊餞閒湖上旺氣纏蒼煙棲棲茂歷歷蘇隄花柳活烽烟前

游棖觸真如夢記以兩舟風雨送深恨緣慳三宿留每來莫逕梅源洞周

晴清才復出遊追思舊境論新圖碧澗丹崖白雲窟松門竹徑紫

行人共鑒年〻太精數湖山清受須清福維他定年經勝緣看圖爭君後題

讀願我偕霸〻信傳屢續久作效爭揚為君再誦墓誌賦鴻雪知徒矣

義鄉 批詞翕是周君為鮑作西湖記游圖恭名 據此以題〻也

同卯來焉玄過白屋

初四日 子湘過我 看留書極偕望書傳景修

初五日 看通鑑奏記

初六日 詠冬〻招飲

初七日 黎明雷雨 子湘招看漁業 李仲約胡〻石備來札記壽二十五節亦坤

河堤下一自北泰東御流日何來勒積為水壞河 札記云此鄭大郡君東役移窩

即喀剌和林之初建都，非此者之昌誤。據北記引鄭說，非此者明爲烏丹國
河即和林河也。又據備乘卷廿三鄂爾坤條下引水道提綱說，塔米爾河有索
噶烏林河自西北來會之，南四百里即和林，在其北山也，惟即和寧云云。此一條明白
證明余前日之說。惟塞罕烏林河不知即所謂和禮烏林河否也。
初八日，下午晴，晚又雨。　紫恩來閱經義中庸下下國家可均也，均推庸訓
兮語兮以與人，下子讓，下下論僅讓國卿大夫讓家之類，又恐人在
日可均也。平讓之義似與上文稱端不類，孟子乃萬章性別可以爲
義者是善人之情也。然孫性字推出庸訓，實欲爲性情之情於茲
校讀

初九日至來昨時又當雨 過仲程

初十日雨 鈔夏時等列說 至等凡十日井建曰大辰曰諦星曰論氣候以上四者為大正曰王政曰民事曰祭祀以上二者為王正曰鳥獸曰蟲魚曰草木以上四者為小正

十一日晴 諺云久雨望庚晴今日為庚寅信有徵也 鈔吾鄉言過我印同好北郎

十二日 孫師鄭名約過郁園雅某題兒梁任所為孔昨集中有漢宋駢體數語是引吾言而不言之言一句與史魚甚遠語病文連引全而語可與王一節是名子美甚遠語者不春人是太子美史魚者郝此甚佳

十三日 仲安、仲笛、仲若談。夫子語葉公以臣子事君義也，無道不知君也，無所
逃於天地之間。子路語丈人，亦子以君臣之義如之何其廢之。春秋夷狄楚
越之人不明君臣之義，若此。故曰夷狄之有君，不如諸夏之亡。包注謂亡為
無，朱子因申之曰反無上下之分，不知亡為存亡之亡。朱子此是望語。諸夏
雖有亡國，而君臣之義自存；夷狄雖有君長，而君臣之義不講也。
仲梓過我，云烏圖拉泉山脈邏之界也。又云天山橫截，云南北蔥嶺雄概
云東西。靚園勇發揉。
十四日 心舟過我，同過伯蓮。鞋得徽聞。讀《讀制考》，春屬男東方正。
義才濱宋四科 書星照南注。司官與地圖 說府方注。燕九洲外司空鄭園與地圖 說大丁刊

事据九州所由 三年此为大比等时此为小比注 詳正 下多書言保物寶遣

侯劇注 疏語今本据篡較印今所据多模也 漢有衛律注 思字 此印本又

察之之云 漢置司隸以使以统諸道據歷之從事祐事之使主官府及近郡

司隸注 漢宗室有羅先請 處吏有罪先請 吏墨減有罪先請注 小段 漢時都

候主行夜徼候注 雇之 以上周古

十五日 午後雷雨 看世界大事年表

十六日晴 牡丹移紫兩叢 次第放花 讀韓文公錄考 喻老 午後雨

十七日 牡丹今年花視去年為多 約三十餘朵

十八日 讀成相篇

十九日　荀子言法後王，然亦屢言重法先王。勸學篇言原先王，本仁義，禮正其經緯蹊徑。不知先王之遺言，不知學問之大。榮辱篇言先王之道，仁義之統，非相篇言不合先王，不順禮義，謂之姦言。非十二子篇不法先王，不是禮義，惠施鄧析也。儒效篇言儒者法先王，隆禮義。王制篇先王惡其亂也，故制禮義以分之。富國篇言先王分割而等異之。先王明禮義以壹之。君道篇言曉然明於先王之所以得失之之人者也。禮論篇言先王制禮義。樂論篇言先王制雅頌。解蔽篇言孔子仁知且不蔽，故學亂術足以為先王。大略篇言先王之道，則堯舜已。宥坐篇言語者子三王，三王既已定法度，制禮樂而傳之。以上諸文言先王為重禮義，謂先王制禮義者也。後王之道

龍先王之所制之禮義而切己易行者也當時儒者各法之說騰起故蓋

子貢已之以儒生為本禮義之原則經以先王為歸宿故曰今儒生

而道上古根合己之君而為人之君故曰為儒之極致而慎業未至百家

之說識不詳[redacted] [illegible] 若百家之言多說雜不詳

則神農墨翟者屬之類皆是儒教多儒為之曰俗儒曰雅儒曰大儒

俗儒呼先王以欺愚者而求衣食不知法後王隆禮義者也雅儒法後王

隆禮義雖所不能齊知不能類大儒法先王統禮義一制度以

淺持博以古持今以一持萬常倚物怪變所未嘗聞見者卒統

類而應之無所儗怍法後王先王之統紀本末具於是矣世人

後知荀子有性惡之說遂謂荀子非大醇此亦一徵不知荀子之非先
王之旨非在中特申析之以性惡事材自修義而野乎自野乎
而太平之道也
二十日
二十一日
二十二日 黎學恩、葉泰往金壇
二十三日
二十四日
二十五日 雨過仙女廟

二十六日 過揚州

二十七日 過鎮江

二十八日 過丹陽

二十九日 抵金壇祖竹菴于宅

四月大建己巳　初七日小滿　二十二日芒種

初一日己酉　寫家書一緘由鎮轉寄　以舟自鎮來

初二日　同以舟過書肆

初三日　學使按臨　過韓九丈

初四日　同以舟買書

初五日　赴郡考

初六日　丹陽童生在學題詩為祖請王陽少懸懸陽平手以助之平知

有餘鑑難招任請　采毅韓任東雲君畢士青熟借詩　微雨

初七日　雷雨

初八日　丹徒、棠生去学　大雨　唐子均过我

初九日大雷雨　汉景帝非大国之役论　以保入多杀为功，光武尽遣其

征赤眉，勅之曰：征伐非必略地屠城，要在平定安集之耳。帝刻竟判于

读书论新罗乞兵伐高丽，太宗遣使谕之，未几复亲征高丽

论以上昨题

初十日晴　丹阳、棠生正场，首题：不践迹，亦不入于室。次题：一曰仓，二曰

贺业东完卷第一，出场甚早

十一日

十二日　丹徒、棠生正场，首题：我则异于是，无可无不可。次题：恭之德

園以許稿之後方收到　下午寫丹陽提虞牌業東名五百十二

十三日　丹陽提虞題君子手定以身為人正也業東定晏仍第一

平陽寫丹陽園業業東名列十二　丹徒寫提虞牌　陳嘉謨

省長張德地葉正勳陳寶琛俱提虞

十四日　丹徒提虞題皆未是年於十三日　平陽寫丹徒園業同案王

君皆有表極一時之盛矣

十五日　提虞題君子學有為也

十六日　業任題為　提書肄於新學大義疏　以鄭氏為宗

煤水好

十七日

十八日　為之竹平寫信振心齋書名款錯誤同母回鎮　晚泊丹陽

十九日　到鎮　晤二兄　即移寓同雲之寓　母親安適

二十日　往晤　天氣驟熱

二十一日　與兄章兄子同游南郊

二十二日雨

二十三日　掃墓途遇雷雨旋霽

二十四日　坐課船回揚州

二十五日　坐車至仙女廟二兄及叔村說春之等凡四車

二十六日　雨仙山房　生　東季全家船回東　晚泊於溪

二十七日　午時到家　母親以次皆康健

二十八日　仲樸過我

二十九日　伯鸞為言[redacted]事山居仰彰過我　伯父周忌

三十日　過瑯笙談以沈柳生吳信

五月小建庚午　右九日夏至　二十四日小暑

初一日己卯　晴負石　閱穀梁古義疏張頌序云記稱穀梁傳師學出經學於是復振凡穀梁經傳有集釋足教而足者不一家而宗之者專家之學以溧水王氏芝獨盛為傳說者陳氏壽祺李氏富孫許氏桂林侯氏康柳氏興恩鍾氏文烝諸之說從未經專業殫當專書刻惟柳氏之大義述纂著尤備不立權學如年平居又能湛思孫詒讓名家之學比近見顧首以集於成為專書知當世兩學之士且有風雨閉門窮研極精發從是書而之竟不能背者相讓矣乎　雨

初二日　讀詞選　歐陽永叔蝶戀花詞云庭院深深閨中既以邃遠也樓高

不見黄王文不雅也辛亥醉後小人經雨樓風程敢今日恭惠也款紅花香作
逐名死一人而已殆為拜花作手暑夫先生此注于韶論世知人凡誤左
入遺篇皆前作非是霰雨
初三日 讀閱字書集
初四日 書舊雜會諸賢書圖儀二十餘種畫手地李佛書最不
多至也 看三四月中外日報
初五日 答石詞繁文某仲宣邑哉 萬叢是我有屬之牙遊學
之說一時竟獨樂耶
初六日 金壇肆中得葛巖君範所録林伯言古文詞鈔此兩種皆當為

從禹之齋頭借讀古龍所錄禹本亭林勘記此本校宋本云是家刻本也古文詞略不知何人誦習之本上眉有光緒六年月日題記蓋已二十餘年矣

初七日 伯龢三十生日 讀古文詞略詩歌類

初八日 雨 在招館晤吟伯 吟新得謝氏兩鏡書粵東刻本

初九日 同禹之以母病事為伯龢作生日 經三兄 看金陵宋本書記

初十日 三兄過我 過詞齋

十一日 文瀾過我

十二日　看梁集

十三日　看說文解字韻譜

十四日　訪康長過談

十五日　觀劉并於是每有無不可鄭注不為東齋之請不為更速之處旅鄭注宋李壺子伯東潘柳不更不采之文取汾漢書瓊修本子國語之稱不爲不重不否之間

十六日　過伯寅

十七日　寫石鼓文跋畢約文義十字

十八日　讀雪堂詩　九九京一識

十九日 會乃九藏 帚居送錢

二十日 看庚子梁集

二十一日 黃壽袞著陵白盧要刪至北徼諸地攷云三音諾顏部喀經河即元之和林河也與塔米爾河皆東北流下游匯合至俄境入北海

二十二日 三兄過我談說文疑義

二十三日

二十四日 [redacted]

二十五日

二十六日　久不得雨，新苗萎殆。侵曉細雨如塵，旋復沾歇，未幾。

二十七日　讀石鼓文。欲雨不雨。

二十八日　日報述二十日翁瓶廬先生薨。辰刻下雨數點。

集石鼓字為聯語，苞龍學書會云：和。從。碩。即。不出。方。簡。

驂。鋼。登。陰。惟藝。多。聞。

二十九日　同抱一過紉齋芷湘舍，杭州揚州兩石鼓摹本

裝成一冊。

六月大建辛未 十一日大暑 二十七日立秋 初二日初伏 十三日中伏

初一日戊申 讀王良士詩 芷湘錄詩過我 蘭蓀有雨之示

初二日早微雨午後風晴 讀石鼓文 芷湘語我廣儀李君碎

此本爲親視椎拓者 較外閒通行本 諳止子 [redacted] 凡若干

又句容笑香瑞圖繪 芝仲蓮舫書 結言開事也

初三日 盆蓮放花 上午微雨旋綴 七日以來暑熱不一快 雲將至

問我郡叩之 下午又得快雨 甚喜甚喜

初四日 鄉人來云昨雨大霑 蒼之寸者

維鵜在梁不濡其翼 毛讀不濡爲濡 孔疏濡翼 喻小人在朝而

毛氏段鄭箋以不濡翼為彼其之子喻人在朝而彼其之子表記鄭注又謂鵜以不濡其翼為才不出君子以稱其服為貪饕陳疏申毛不用孔氏毛段之說謂濡者潤澤之義喻小人之好其衣服魏氏源古微又以不濡翼為其衣服而鵜則猶如之說歐陽本義則謂鵜自當求魚不合據人梁上取魚（韓昌黎集注引施士丐詩說顧用之也）按毛云鵜在梁而謂不濡其翼乎箋謂鵜在水中之梁其翼不當謂不潤澤也小人而衣赤芾之服其服不稱謂無其德也其身不稱其服也證服字中承上章三百赤芾言陳疏是也孔疏亦同鄭箋及諸別據三家鵜說亦不通惟以不濡翼為其衣服則如鄭氏箋

裳衣濡毛傳濡潤澤也然則不濡翼矣服美施靡兼是旁
義非詩本旨矣予按此詩之義與鄭風正相反彼乞之
子佳人不濡故無愧非是也裳衣彼乞之子不稱其服故路人譏非
鵜美漂疏潤澤之說某亦從彼傳據出難此究深深之精
初五日　日報送廷旨著撤淮關監督江甯織造之諭
初六日　午後雷雨
日晨請華玉之為母親診方
初七日　大雨屋漏甚今乃一綫也初三雨至兌歸可三兌
初三綫角解　逢遇雨月李孝經南揚兩截東名稍大云

初八日　讀穀梁廢疾其注專采讀以前穀梁家說如劉向說

范甯序班固白虎通議等不足則以己意補之據凡例補列

為三傳異例表三傳同例表三傳異字表又有王制箋鐵證一

卷似當附書以行　金陵買書時未見之也

初九日　申陸招飲余於鴻福居話舊諸先人遺箸也

初十日　左氏三義二十五年　昭諸古文以篆書一行寫八字李氏稱述四

古文以篆書即籀大篆也[redacted]所謂古文則字甚繁多者以

八字為率此亦史以籀所以上之證

十一日　寫以寫鎮江回函通錢述承志學墨之篆

翩翩張仲子，當世寔英才。與拔道未蹤，東家韓矣無存中

國貴祇茲少年衣，君共燈，夢寒多情碑再來 挽張冠生鈞老

鬢霜孔甸斷頌鐘，墨龍抱青遺恭一母，冥門旌雨哽齋夫身

肯讀藥此同自適，濟君良機形殘下精金 年張君歸來如取訂舒了

十二日 鈔王元之詩

十三日 讀莊子内外篇

十四日

十五日 過硯齋 讀隋代書首山舍利塔銘

十六日 過芷湘

十七日

十八日

十九日大雨

廿日

二十一日 臨帖一張楊孫[illegible]碑

二十二日 寫角斜一撇 雨

二十三日 祖考三十周忌

二十四日 同帖一過伯[illegible] 論学藝事

二十五日大雨 寫萬為碑

二十六日雨

二十七日午后大雨　仲英、耕蕃過仰藩　谈学艺事

二十八日雨

二十九日雨　同拜一伯藩過頌齋　看敦義齋錄李長姚

翔七絕三章，序一首。又劉設強儀若王蘭（原王以）先以清音寄和

編號擬上窮之和聖毒私中德六千年阿弟聲標專句任

乃見提要已為縱橫求隱例中，首左某使長師經係嘆（亭著）

援韓嬰例韓嬰說吾係非（中古氏亦於情可見，亦非）　援淮語列鄭樵子有韓嬰例及

淺情之鍵　不可行見

七月大建壬申　初四日末伏　十三日處暑　二十九日白露

初一日丁丑　看數蘇齋文存

初二日　讀經籍書附程鏡録共十册

初三日　紉齋過我

初四日　看吟白所撰左史一貫録

初五日　讀弟子職畢　首一節温恭自虚所受是極之言信之

聞義則服温柔孝弟毋驕恃力志毋虚邪行必正直游居有常

必就有德顔色整齊中心必式云云實學人所當終身服膺者

也至其興止之序進退居執燭諸儀古制久更師生之際不必泥矣

述叢叢之紀西南長北一同到然後館刊居四五和以畫刊經以才敘印

今日鈔書余雖之所由來也先生既見及鉞與友相切相磋之長

之儀此又分科讀程日精語讚之大驗也

初六日　看新大陸游記

初七日　讀蔡邕古文詞續纂下之篇[redacted]五之第六篇遂未畢

能平照此最可喜事之足久家外不吸鴉片尤可欽快者也

初八日　壽齋過我　讀續纂下之篇　過鋼齋

初九日　白石有客來歸　即往候談　碑以晚得之艷依縣

更石過我　擬不續足會之閒之作

初十日 去年秋江南北徧行，雲熱體痛，身患病體々今
年此地又復傳行。母親服單藥弱，忽覺支節頭痛發
熱，雲室醫生診治服。
十一日 母親服昌春秦艽々劑，石庭轉一劑解。
十二日 母親察服叶傷微許，熱解，加川朴等味。去汗復痊。
乃命子青、衛峯、詠齋、游客，指一件取回，集於千佛院樸議集
錄罷，言秋學塾。
十三日 鄭穀田種曰夏小正之義，曰弟子確正音，曰毛詩重言，曰毛詩
雙聲叠韻說。前年從余自所既觀之，夏小正是一種之衛

本為錢塘汪金部生第子孫正者為四明許元翰，原無所出，貴以
加以訂正者　鄧石如篆子孫一刻，推於山陰一[redacted]藏於葉氏
[redacted]手跋有吳讓之諸跋云揭四靈新書不翻君
廿蔘鄉世兄過庭，談刻以示同志，蓋即某氏藏本也
十四日　西石抱一偕蘅田過歸臣
十五日　丹陽周子魚來檢錢而贊歎
十六日　二兄弟皆病呻吟，服表劉聽漸正
去年十一月奏定學堂章程至學務綱要以為家庭立有學基
說明蒙以學言在便全國之民皆敬謹性知禮但為良善為等

小学毕业者使入此学者，为普通国民必需之要端，能进而专者递

学之将来从事专业者，谋生之智能，高等学专门学者以讲求国以

民分子之能专门之学，为国家储蓄应用之人才；通儒院者以研究专

门精深之义蕴，俾能自悟新理，自创新法，为全国学业力求进

步之力。并设立中国旧学专门，为保存古学古书之地。[illegible]文 中学

主要科学科曰修身（读子经选记）曰读经讲经（左传周礼）曰中国文学（读古文作文习楷书篆）

曰外国语曰历史（中史外史）曰地理（中外）曰算学（算术代数几何）曰

博物曰图画曰体操曰法制曰理财（以上二科可缺）

十七日 自今复四月令神来篆隶不得绝意甚矣沈人之难也

十六日雨　讀舊鈔亭林漁軒詩　兩者皆源於杜　過白石

十九日　紫薇玉簪海棠鳳僊皆餘廬角秋意丹丹　綠齋花一過

錢鶴跂

二十日　過仲樓　三賢書院課題　春秋三傳優劣異同說　請原達之

經典諸居載和守通四說行古論　鈔圍日多　那剃錢日少宜也

何發哉策　言忠信行篤敬雖蠻貊之邦行矣義曰非錯論

學是物病議

二十一日　業成爲日非錯論書稿畢錢而書之功不誤之於南齋之

自不喜

二十二日 看穀梁左氏疏

二十三日 看詩疏三卷

二十四日 吳石伯韓過我

二十五日 薌皋過我 雨

二十六日 叔齋挹一過我 朗學漸有贈一卷

二十七日 過叔齋觀蘭 同薌皋過子香晉遠先生石令

歸薌右

二十八日 蝶緣居學藝問字

二十九日 雨 閻若璩四書釋地 山陰樊廷枚有校補 長洲宋翔鳳亦有

梅陽海運書刻本，有前有江通孫序之語樸補上卷聖制之字

果摹筆畫甚心足見作者觀視之密即所望學數當如此戲之敵

之字上去看出田地之字五十七十石畝四尺度之不一甚至知一地數畝

不可傳歌耕畫如即詩之筆意之又白畫與題字時自畫知一人當稍

隨不可見

三十日　看四書輯地樂補不甚精善

八月小建癸酉 十四日秋分

初一日丁未 禮記樂記云德成而上藝成而下也儀云士依於德游於藝

正義依於德游於藝說孔疏說是說法度云云其所謂藝者離德而

言之物即此禮樂身之積微云云曰德身之有爲云云曰之藝者考

工記云坐而論道謂之王公審曲面勢以飭五材辨民器謂之百工道

即候曲勢材器審曲勢材器之道即法之說曲勢材器即是藝之

說也道亦學者專業一門與其非是藝隱合

初二日 孫師吟老精舍暢談 夜大雨

初三日 讀范史獨行傳 仲輝過我

初四日　檢看近思錄讀書錄語錄人自謂非君子之言（見錫川修序詳）檢出
例論語中數多
初五日　三兄鶴亭偕張先生自鎮來，招同師共談竟日。師5
終。張者與同年入學者也
初六日　陰。劉紹文來錄文述某以道學殺人，某以無心殺人，死者
可列為醫識。文又述開辦種樹諸利益，業學工藝鄧教
撫流各章程，雖不能日使人宗，傳之所（浮）貴者亦是南
善日最樂者也
初七日　看天演論

初八日 看唐語林 丹陽歸至寓來收條云九如定往蘇
州 藹卿寄語余至州 蘭谿
語林稱川篇言易利負瀛州路程好時醇田年得米甚義千貫
例替人以五月五日前到者得醇田利歸以讓前人故為蒲酒過
限差日預從到如士子稱焉
初九日 仲梓過我
初十日 看唐語林
十一日 讀黃冉琳增注夏小正
十二日 六弟生日 三兄自角斜節館歸

十三日　前日買得唐大和八年尊勝經幢諸碑錄云在河南滑縣

所右岑君造我岑君不信不十凡論試君稱君之無道稱臣稱臣之

罔罔不制禮時似不應懸擬及此是說是也

十四日　讀古文詞類論辯序跋奏議三類　蘇軾上皇帝書云

道德誠深風俗誠美雖貧且弱無害於長而存道德誠淺風俗誠

薄雖強且富無救於短而亡又策斷云中國以法勝而匈奴以無法

勝又云人而棄其所以勝天下之具未有不亡者也以上諸論皆今日

守舊黨所出講曰強蘇之意則在於道德風俗及中國之法與

所以能天下之具今不能一一較力而徒日貴弱自足存外人

皆以上海勝氏有新政皆為桑臣所以推下高手鎮之

雨

十五日晴 讀李文翰明詩歌類 餘杭章炳麟有歸次長蘆小集

十六日 過蘅皋東石子齋 談太炎撤詞丞鄉學堂

十七日 蘅皋擬談學務

十八日 顯考忌日

十九日

二十日 丈潤過談 三兄過談

二十一日 看石印新報廣章譯冊南帝政使署四邊廳聯

云人影镜中破一绿花光圆住香肌华秋冷露雨山岚如许年风

来午后到影庵集读完云人在有情至郁此声风野口含

子之出山意气尚存世故尚九日忘自欣欣又云声雁飞夕秋

梦蝶堂秋

二十二日 读吟香殿录续集

二十三日 读隶续集

二十四日 读隶续集

二十五日 得母自康桥寄来一札

二十六日 复得母缄

二十七日

二十八日 摘一品能淨土孤遍塵囂任他富貴消磨歲月三日醉鄉游

儻射為焚知書好人與共居知領取山家莊坐聽風嘯鐵

忽筆一聲硬醪酉需醉滿庭芳草覺春去以上兩闋

吟京師操縱間氏書屋

二十九日 繹齋寄來一緘

九月小建甲戌 初一日寒露辰初十六日霜降

初一日丙子 三兄過我論文 葉恩赴中學堂

初二日 過蘅皋 兄季直所為江山先生墓志銘 看叢报

墨子学说

初三日 蘅皋吟伯詞叟同過我 吟兄為我書筆印錄之

蘅皋作

初四日 孫師命為金江大千所撰語園集序 叙云 除如雲来霸乐

師孔列錢自小廉齋大明詞叙都人 讀萃文正公古手叙服

友之年如雲之豪 劉吉字云三子屋毀勸子同志 [redacted] 邢撒魚憑首

為儀真賢好日良佳劉孟容郭如榛云困窮客舍棲風雨思君子

莫難逢相逢何知己郵祇足述孝子之職外邑錄伯魯云愁苦

閒了難有參與寧劉寅云所餘經與勝傍身惟豫護郵時即

邪鄉有賈如妻潮送葉友豐云鍾情是屬緣和尚閒說

及蔡截痛着淚何淚之蕭窮知憶內刺髓不除星麻志如

豐有貞字云家鄉寄懷情醒覺類倚之丙年正月作云情亭局路聞

為余正之嘆知佑不酸祖知難室營苦舉林懷云吾道惡多言噫

豈是謫仙題彭旭詩集云男兒負身在百仟每是標集部

二三哥齋云緣華一夢漏楚之半令鉛殷帶塔道來序不身

同慨儀黃緬之一片經去歲不死名信歷億人所處不關繼重寫

物以起米仍歸集之言詩也曰唯誅伏焉之誤誇嬌不解流頑

人力如虎撕去獅爬以事兩絕之痛也日擬子大厚貴詞廣陵兵三

淹種經歸志以云當一戰秀穀覆羨雅也鉤亦萬之失祿醫錦九左

寫之述歸子也日孫竅江破孝金請臺及秘中拒工重蘭生心吾

鍰龍譯題倘薩南年識之述王民也日太傳記淑公子紅研

悅子史及孝徑之神學拒鐵雷語唯聆借譯貴釋癥從旁證

通百系清譯晦曰勵電孔原如見知筋意應以拼精實在

哀不可方物一日三復東邑薩集某本也

初五日 續錄讀集畢

初六日 寫老為我畫史香石風雨掃尾言非命頌

初七日 讀語生報見之徵書 夜夢急雨一陣

初八日 讀莊子外物寓言列御寇下 觀夢莊題操

初九日 擬錄所答者雅處 讀顏氏家訓雜藝篇其論書云此藝不須過精，巧者勞而智者憂，常為人役，更覺為累。其論畫云吳郡顧士端父子常被元帝所使，每懷羞恨；彭城劉岳畫支江寺壁，與諸工巧雜處，向使三賢都不曉畫，直運素業，豈見此恥。其論射云所以觀德擇賢，亦濟身之急務。雖然要種今為截殺戮不

顏氏家訓為之主論下雜藝云：技而多為不善業也。主論算云：算術

亦是六藝要事，然可以兼明，不可以專業。主論醫云：醫方之事，取妙

極難，不勸汝曹以自命。微解藥性，小小和合，居家得以救急，亦為勝

事。主論琴瑟云：此樂愔愔雅致，有深旨，然不可令有稱譽，見役

勳貴，處之下坐，以取殘杯冷炙之辱。主論博云：吳太子以為無益，

命韋昭論之，王肅、葛洪、陶侃之徒，不許目觀手執，此並勤篤之志。能

爾為佳。圍棊頗為雅戲，但令人耽憒，廢喪實多。投壺彈棊，

消愁釋憒，時可為之。　前段乃如擬未能當再出閒之南部

為寡人云

初十日 顏氏家訓養生篇 生不可不惜不可苟惜涉險畏之途干禍難之事貪欲以傷生讒慝而致死此君子之所惜哉行誠孝而見賊履仁義而得罪喪身以全家泯軀而濟國君子不咎也 按唐書杲卿真卿並為貴門子世孫節以平原競相奮烈溯原所遺蓋家遠矣

十一日 祖妣忌日 雨

十二日 鈔陳季伯詩 仍每日來此因為我寫行湖南新政續文鄂類省參在即中西算學大觀曾游歷史地圖等

十三日 仍每日過我

廿四日 晝齋招飲 雨

廿五日 夢窗有蘇東坡遺硯記之リ 志銳行毅之靈罕

其傳遞可求可罷 發雨竟日 讀歸太書說類 容齋之之云

璞之玉固未嘗有獻而遇固未嘗有刖也然則皆然所謂感之不得之不

者多矣以為所獻者玉而所刖者足耶知可以匹然自解

之云

廿六日 快晴 早起通リ 庭宇朗光爽塏清我心肺 午後仍陰

雨 過吟老觀濠水紀聞 蘇子由語詩之寬緩而和之素之

姿然而繁雲者峯者周也商人之詩駿發而嚴恭原其書以開

契不而非書文語二篇之取道於齊 而周公之所以治周者 是所以治魯
也故齊語而魯語為未必而齊之始于魯之言似指荊公變
法言
十七日雨 看南昌沈兆禕新學書目提要 法制 歷史 輿地 文學 四類 皆
擇精甚嚴 然通雅蔽經考據詞章之學是其短處也
學林雜陳舊之言語不能掃除一空者是能掃除天下
十八日 過顧白峰晤閱子孝 看曾文正日記
十九日 同艳一群蕭散步西南郊 心舟送新購書目來
山陽丁晏讀子辨言其自敘云自六藝微而諸子興 厚之枝分純粹者

入說難駁者出能操以抗論塗徑歧矣然亦賴漢以還迄未遠孫
楊以降先道實深大義微言於是乎在余暇日瀏覽之餘竊
録粹言為一書上稽諸道下正人心內以治躬外以涉世貫而佩
之可也大戴多孔子遺言外傳乃緯書雜說雖曰經翼實作子流
竹林玉杯亦以類附其書鶡冠之依託亦陷于名刑之刻薄無
益身以經術之間隱書無論也從前文焉又讀史粹之數
余既述諸子粹之後采獲史籍擇其言之要者次為一書上起諸
帝下迄元代斷自漢者周之秦之篇採經典集其道亦備服也
其間賢君令辟庶職大僚謹言危論之可以箴規者已下取名書

標榜甚之徒交相推引理者亦所不逮不以入慮言也若史家之相

表裏疏密之詳略之詳其貴義之古來甚者推左子武後之詳泊

志思遠之知無量方本推論鄭蔓延之義畫結網收拾之右稱

如是作條件之兩宜之本根必備際康之候當而及於橋可當年

雖知文之說長猶之積薪後來居上是以之義也是使人之繁冗

潮色不禪列書之詮也然之道乃刺推行春蔓苦以刺於癖者

詳於記之讀不知說是引孔子之言也雕文刻鏤偽宗其飾繪

纂組密如紅絲皆說法異之談不知劉向引孝先之言也它

據言而論難不能詳定而無要者本諸先民義論者理源切

書以經非世而有實用亟往哉之文之而已錄既畢仍每起日

擇之語而不雜約而不煩而以書齋風錄全右讀史者志

有取於此

按積薪語出文子日本以為

為堂子高注長沙所之注也

二十日 曾文正書札三十三卷中多學道之言全集本冊子本都重為

裝訂為十六冊

二十一日 寫言過哉 讀文正書札

二十二日 三日連雨今乃開晴城南黃花蠢有佳氣 讀漢書循

吏傳

二十三日 孔子成書者春秋作者孝經春秋三世之學讀春秋語繁露世主

親親升平治民太平春秋孝經自天子至士庶皆以不失子孫祀為宗為親親之道統也孔子言經撥亂致以孝經為行一受業至漢而升平之志乃燿一變

二十四日 蘅甫過談 過子青兄叔言爲書裴岑碑

二十五日 同楊卿吟老偕遊西溪觀菊

二十六日 仲甫過談 寫之屬為朱邑願葬桐鄉語

二十七日 二兄生日

二十八日

二十九日

十月大建乙亥　初二日立冬　十七日小雪

初一日乙巳　看曾文正書札　覆張廉卿云凡讀書筆記貴於得間　戴東原謂閻百詩善看書以其能蹈瑕抵隙能攻古人之短也近世如高郵王氏凡說一書於正文注文一一求其至是其於古人誤者不敢苟同以觀古人之真而默方寸之知

初二日　黄莘農自蘇州回

初三日　硯農過談寫大條子一小幅

初四日　過研齋白石仲樸　佐臣寄來一緘並詩四首

初五日　看曾文正書札

初六日 十歲時所讀左傳已今廿八年 殘破已甚 重爲裝治尚亦可觀

初七日 讀左傳 雨甚寒

初八日 高祖保關中光武據河內皆深根固本以制天下論 書張香濤勸學篇後率同執事同文義 三四課題

初九日

初十日

十一日 何某自鎮來托一函上海作郵請人同題之

十二日 過仲樸

十三日　蘇州邑廟師出范詳叢甲乙已完若干山叢有名昨日印緒晚

因作太夫人挽一絶送

十四日　經濟詩通嘉定於行家庭和睦僅有長女　由石為之詩當寄撫內

十五日　杜詩平鈔沈確士選本日本刻極精從詠老處假讀五律

百二十九首七律五十六首五絶四首七絶九首五古七十九首七古七十首

鳳皇臺云安得萬丈梯為君上上頭恐有無母雛飢寒日啾啾我能剖

心血飲啄慰孤愁心以當竹實炯然無外求血以當醴泉豈徒比清流

所重王者瑞敢辭微命休沈評語當宗臣經綸之言非熱操唐

平生性頗李泌言之行充詩意與泌同一揆也

十六日 讀杜詩

十七日 看四書釋地 古人文字簡 須讀書多乃竟所指 如君子之不器

子之語而前子也 且所問原非為周公之於伯禽孔子之於伯魚一般言

又讀天下英才極言之紀屬言之楊施何說義子下下手 齋語 司馬懿

說論葛武侯曰天下奇才 見志諸葛亮傳 云爾 三讀

十八日 過白石

十九日 讀儀民撇 看四書釋地

二十日 三兒寄來一札並詩四首 以詠茶花也遠子云傑肯殘小雨不支止

餘一兒春信瘦人間條有銷說可擬讀書年杜牧之英游石萬

纏頭錦句寸寸紫成安樂窩能出浮中風月好六時樓閣百年

多情難將子尉巖親若到蓬山來是真一樣根恩甘受戀

低城顏色保家人若從身後訴綢繆除是更生怕不休浪語

衛帷專一處常雨風挾雨入孤舟

二十一日 晴 鄭石如戰栗銘拓一

二十二日 雨 看曾文正書札讀許仙屏已讀其所著先正事略博雅

出於近來十年來作雁自制服 僕自甲子以來發當極苦年奈動

次青為太過又以勤捨其功引為愧憤今大功出於少帥而次青完

復舊物出遂自傳其畧晨夕自祝不忘花樹之株節人所謂

恍惚漸可以識矣

二十三日 看癸年外交報 翁鴻生書

二十四日 看癸年外交報

二十五日

二十六日 觀金湘岩所藏鮑海門詩冊香濤有龔孝老題篆四大字曰

海門詩冊第一幅樂府二首第二幅寄清博陵以汲舟海口二首寄

陵公子抵東谷河堤場亭夜留寶一首第三四幅為雁山雜信

夜飲寺菩提寺雜一首渡嶂宮雁集一首雁山納涼即事一首

望圖山心一首第五六七幅為雁出洞對雨作一首觀音岩望雨

三首。題峰翠亭子三首，香山頂飯館晚歸走筆八韵一首，月
華山一首，看山回謁新生丙一首，第八十九幅為題積翠園攬月
樓琴圖卷併素懷喜谷一首，第十幅為呈杭懷公二首，東湖
兔上印目四首。月華山云：月華萬山上，月下一回圓，明月照今古。
此嘉華年，樓台名士地，風露美人下，是相逢探者誰家。
秋懷組。東湖云：綠如明花照水川，舟息遊亭子，擁綠樹。北石浦
香霧迴廊中，雪裏柳乘搖，長恨情。
二十七日　讀史記至古香齋本第十三卷
二十八日　讀惜抱館序論各篇

二十九日。讀漢書趙廣漢尹翁歸韓延壽傳。此三傳精核，是劉向手筆。長安少年會空舍謀劫，坐語未訖，捕吏已至；界上亭長戲語寄謝，渠都未白，京兆具聞。當時警之察，蓋極完備。往讀廣漢鉤距得之術也。觀王請增游徼秩百石，王所措注著明。

三十日。讀說苑建本篇。河間獻王曰：尚書五福以富為始。子貢問為政，孔子曰：富之。此治國之本也。尚書之富，為西國民生學者主義，所以可貴。

十二月大建丙子　初一日大雪　十六日冬至

初一日乙亥　讀說苑貴德復恩政理尊賢正諫敬慎諸篇　貴德言召公述職當桑蠶之時不欲變民事故不入邑中舍於甘棠之下而聽斷焉孟子語滕文公以民事不可緩古人重民事如此復恩引孔子曰德不孤必有鄰君講語相德是猶論語一義尊賢篇於仲殷陰陽不調自來設仲尼未之及又云史鰌去衛靈公邸居三月班令非必不御得史鰌之人也而足以入　文頌不年王林廣芝三賢雲三齋集信之衛之不書邦良君治也

初二日　讀說苑善說奉使權謀至公指武諸篇　至公言堯以天下

傳之辭不私於天下故易曰無首吉此善人君之公也匠此詩匠者也
故乃扳无首之義而知者已少之之者矣精哉之於子賢顏淵之爭以
賞之讓矯然無以相訓之故天下不從是故道純讓不立純勢不可
據此列矯然無定門而已獲罪之實
而之曰　讓讓花誰叢讓之辭物修文反質從叢多詞務虛
後同姓之國亦是鄰也所易同姓也振來後同姓子之實寶設讓之語
豈非天下所謂賢不能言讓為勝利哉孔子家兒不知罵曾子家
兒不知怒讓之當讓如居正信十五年穀梁傳宣二年穀梁殺鄰人之
疑謂避關也　沐浴　凡以兵十年之大格格殺戰者有爭鬥後彼之云云

初四日　讀新序雜事子貢問夫柏之問管仲器小也孤也於其義而不能

以其孤孔子曰不敢當仲之器甚善矣通柏云而情其不能以立也孤也以

立則不能所用大下言柳生則不能一峰責柏如責仲也又少年于田饒云

魯之鴻鵠一舉千里止君園池食君魚鼈啄君之黍粱君猶貴之以其

所從來遠也臣請鴻鵠舉矣樓學經左學屢試題鴻鵠一舉千里

番日過塲皆不知所出

初五日雨雪　說文水部有汗酒錢欽之說即阡陌字又系部縣下

云讀若阡陌之陌[redacted]

又田從口十阡陌之制也顧氏謂口與十合之所以象阡陌之一縱一橫

也周禮遂人凡治野夫間有遂遂上有徑十夫有溝溝上有畛百夫有
洫洫上有涂千夫有澮澮上有道萬夫有川川上有路以達於畿
百夫之涂經之為百千夫之澮道經之為千千百以迄徑畛路也
南畝則畛縱遂橫溝縱洫橫澮縱川橫圖經畛涂道路縱橫
同之東畝則畛橫遂縱溝橫洫縱澮橫川縱徑畛涂道路橫縱
同之所十與口某象縱橫田阡陌形似字也
說文䡖車涂異軌段氏注車之轍廣曰軌因以稱名涂之廣也周時
車不依轍之廣八尺之制者廣者狹爲涂不依諸侯經涂之軌深涂
有軌路涂之軌之制各以之意為之故曰車涂異軌也。

廿六日 雨 读潜夫论 德化篇云德政加于民则多涤畅姣好坚强考寿恶政加于民则多罷癃尪病夭昏札瘥 故尚书美考终命而恶凶短折 此条与说苑以富为富民亦可互证 志氏姓云黄帝之子姞氏封于燕 姞氏之别有阚尹蔡光鲁雍断密须氏及泽浒东有邳郡湖南有邳君年雅音与右姞同而书字异 又叙尹氏云尹者本官名也若宋有太师楚有令尹右尹尹吉甫相宣王有大功故诗云尹氏太师维周之底也 又张良本韩之孙姬姓击秦皇博浪沙中秦索贼急名姓为张避于下邳 此可补史传所不及

廿七日 读选诗 王仲宣咏史云同知埋身剧心亦有所施生为百夫雄

死爲壯士規 又云 詩彼交予以君之息良不登隰沒要之死而焉得不相

隨擬詩 云云 三良者使士也

顯考生民 游夏諸賢學至君子終日乾乾進德脩業者知至爲

博已而已也善乃思述祖考之令聞而以顯父母也孔子曰吾嘗終

日不食終夜不寢以思無益不如學也耕也餒在其中學也祿在其

中君子憂道不憂貧賤子隱亦極國風歎北門故我謂不憂貧

也豈好貧而排之憂耶蓋志有所專暇及意也

初八日 讀選詩

初九日 讀選詩 殘卷類王粲殘文顯云作詩作略敘詠在舟梅

此當與楊徐州啟程告去諸親友者親倘諸文同云云益行同
舟通風驛之似此
初十日 吟老摭亭秋宮詞共十首錄示其首云一樣生先有菱愁
封紫石雄勢嶕嶢難山烽火在城中申如見來是禍徵 式美油
擁石香車好並驅荔時空談拂宮儒說他鄭包沙難曾波不偶英
擁儂惜文 文美 挽扶花開氣並題妄歸條情發仇儲自儀早
苑暴展雲雾 別鵝離弯一樣愁 息嬀 蘇夫人 佳侶似年鍋鏡
孤影汾河公子入關來相知誰似舊任將一个卯仙一雨霏才 文云擬
貧病沈沈相未失寄中情事費諮詳一笑休前君思郎

好生光竟疑帝蓬壶　闻然浓香一树花。玉宫霜寒振宫移。

年。年年到百年。独羡我家谁知忆家　连梅缀珠稍交付

年人物宫。何然一层中华寿鸣。不知。金屋如画。忆多少有新词

嗟洗红　宋佑甫一

十一日　吟老又有南岳后来诸咏十二首云　下水仅人争数岁暮花。

漫将寿彭洗春秋。苍官楼。台。死。留。江。冷月古。垂。槎。总不祥诗

大乘难了俗缘。震上偶话澳机先。不学。调。和。蒲。集。两下题留。

远。子。两。年。吟朱园扇落风华。秋水篇传海内诗。比似刘朝

论后生。风流文采谁家。张望。鹤。原。谪。宦。零。部增。为。□。不堪听。

人間更有傷心子弱時條付到北庭孫虜身比小邦國方降勅呼名
護再三惟懷一封緣樓表也諸詩論到江南書宮樞密使投府
開到國城十七都借問長江前岸子人來歎與伍奢多傳言相
依勢不雙天壽孫重達香渴異時驚見降王長花誠處鄉禮萬年
嬰白甲挑門戰氣諸好原佛力護南征闔城之誦來枕神擾臣
東都六甲妖薦表擄機贄恩包沈腰釋潘懸底識年深新詞
未熟家山先錢送君王倚白虜設議者嗟步小喜此來同謝行
為臺相依若膝保華蒸翻義環老身十世人稍自強圖將自邇
河山故國空中惧好收洗面千行處滿入春江寫畫風觀未錢王

早見懋勳一家翻睡悟香婉得見倭是宣和新譜又光光滿脂來

十二日 讀選詩

十三日 吉甫宴罷 師以乾坤課表來 抽看過數日過衛皋

十四日 三陽前月課卷已出 猶奄不多 以人似頗詳究經義也

功順堂叢書中有莊氏說文古籀疏證 又有王紹蘭之周

人經說

十五日 荀子有脫有羨 讀作似知而非之語 錄其說義訓詁 書而未及

十六日 湖北經心書院輿地課程所附湯晚物重編 兩經籍次中國之省

沿海縣邊防次山川之關隘次各國附設防記

十七　錫鐵雲有詠諸說詩六十首中九詠八俏云歌罷舞八俏肆

業及之行褪此嬉容稍右橋非為其耻降世加以錫不首參差而止乃知

古多意所爭只如今素性積雅纖手必誰氏狠這窮敵倒川計急

乃先指不好也上名翁畏身後史自從喜秋殘了亂后賤子說不完

舊思之青齋宗舊雲經史扶之這般而去了言必然從諸白叢年

兩腳讀坐封就兩個秦皇太公望來談急不擇屬乃既放下鉤此千古

輕擲揭摩眼羅羅呼咒此噴氣時叩齒來大叢痛指下此衣學

上觀母名西巷去西傳之春老時若與貰衣全未喜今為誰濃淚此襟

嬌者乃三見稱之之未若方敘眼陽看而見故人相傳如雲方二了竟

閲覆公集一語意權子非空山高敏安上官底但相太子藏使難核閲
徐不緊師書父子所就醫圖又妙以撫手為診脈以不藥用之為君子醫
為吸畢用川芎藏西芍川芎一地推繼翻孫子母日嘗半價于漢
然六年前承春之别推園空已絕不為所因姓標筆每行做名是君
子不獸之嘉靈子兩隊為兩僧䧍聊不快知不重步卿故兄誣諸
新依子喜
廿八日　過吟老
廿九日　看舒詩
三十日　倪元禾先生為壓語筆未盡以刻其君子之道焉可誣也哉

遍别之遍例当以遍[redacted]崩为正修者读书倦者读书者财兄也书都

曲也孰列先而后兄孰列后而后曲历之论并未自备之时已分

别矣者也善也恶也三者一贯者皆从此出者之

二十一日

二十六日　三味书院课题竹林七贤论吾业之见知希竹菜昂贵于此时之中

一二竹义学社课由湖至通历湖宣化白鹭洲维策郎首之仁义论

二十二日　竹楼之屋未发书先生作楞水利图清先来以一本赠之

二十四日　三国志附注原非王氏集传语原任侯另书复定文通镜宋

五月

二十五日　讀晉書后妃傳

二十六日　讀晉書列傳三至七

二十七日　校龔定盦集

二十八日　校龔定盦集

二十九日　校龔定盦集　原刻朱之榛補刻本　又補編卷一有

漢岸蕭豫室之硯銘以爲命之乙丙箸議一二三諸作除以爲命

二及乙丙箸議三篇作外錄　皆正集所原有　朱不知何故

複收也　余今年所得以爲本書書本　猶無諸複收篇

豈未知之　別無後刻與　抑他人所訂與

三十日　讀空盦四詩自表姐秋佩齋所錄十五首多足以述語
僞張不親不印是綫綫親壽嗚呼兒時告告壽壽然先自夜夜九已岦
人除眉

十二月小建 丁丑 初一日小寒 十六日大寒

初一日乙巳 讀定菴詩 讀陶詩三首云 陶潛詩喜說荆軻 想見停雲發浩歌 吟到恩仇心事湧 江湖俠骨恐無多 陶潛酷似臥龍豪 萬古潯陽松菊高 莫信詩人竟平淡 二分梁甫一分騷 陶潛磊落性情溫 冥報因他一飯恩 頗覺少陵詩吻薄 但言朝叩富兒門

初二日 全謝山有讀漢書地理志稽疑六卷 陸仲揆輯校錄之 第一卷辨秦三十六郡 第二卷正漢郡國分命之誤 第三卷校百三郡國諸縣邑 第四卷論十三刺史及百三郡國序次 五卷論禹貢九山九藪九川九澤地望及漢地志未載以來敘更水道之詳 第五六兩卷為

王石功陳外叔恩澤三處表地理稽疑乞叅考者有朱文端序語此

書蓋之生治水注西三字乃者也

初三日 鈔地志稽疑

初四日 鈔地志稽疑

初五日 鈔地志稽疑 卷三張掖觻得羌谷水出羌中酒泉福祿呼

蠶水出南羌中敦煌冥安南籍端水出南羌中龍勒氐羌水

出南羌中今云以上四水皆弱水之支流入非居延者漢人皆能

道其以溉田屯兵水利之惜墜千年矣故述曠世誰其嗣之耶

并弱水之源流亦茫然無知者可嘆也

初六日　公立能羣學堂業者請編誠齋編述大略具牘移申

初七日　遇子湘

初八日　遇子香

初九日　鈔地志釋疑

初十日　鈔地志釋疑

十一日　鈔地志釋疑

十二日　午後大雷雨叩叩長老云近六十年中無此異也

十三日　入秋以來不得雪得雨亦甚喜也

十四日　鈔地志釋疑六卷畢　小舟過談

十五日雨

十六日雨寒

十七日

十八日 同人集於濟安書壇設學領要

十九日大風 仲穆送錢

二十日雨 母親壽辰

二十一日大風雨雪 讀霽書酬信 仲穆從興化寄信送之

二十二日雪霽 同水萊抱一琴衡峯凝眸閣看積雪 二兄自鎮江歸

二十三日 曾祖忌辰

二十四日　看若壽刊件

二十五日

二十六日

二十七日　看瓶水齋詩

二十八日

二十九日　同蘧老三兄過吟老讀其所為春秋宮詞及遯齋詩存

光緒三十一年乙巳

遐年硯簃日記

光緒三十一年歲在乙巳

正月大建戊寅　初一日立春　十六日雨水

初一日甲戌晴和　詣三兄寓見欽蘭謁吾生寓　我頌延元客座趙語凡

十卷

初二日　温士冠禮加冠祝辭曰眉壽萬年古文眉作麋麋有大義麋壽猶

大壽也毛出豪眉々說眉亦取長大之意孔穎達謂人年老者必有豪

毛秀出似未得毛眉之義雖辭曰老是時猶永乃侯之鄭注時是也猶正也大

學猶物義壽與此同

初三日　温士昏禮特豚合升去蹄　去鄉舊説以蹄爲謝膜甚乏达

之。記云：辭無不腆，無辱，則世所稱套版業業者也。

初四日　讀士相見禮。士大夫相見，以上焉鄭注所云屬而不甚悉，疏此叙語詳之。

君子指有位者言。執摯見下，鄭注不詳君所當，疏不言所言下者，凡俠視

於己下，疏不言所言下也。書疏疏云：稱曰見下，斂亦所疑與。

初五日　精舍開課。師談田鄉自治之法。

初六日　看實業發語。

初七日　讀齊洲客槎一葉叢談，詳崇書書以精。

初八日　衛寧雖指仲將來主館，考輿地課，託紐齋作東。

初九日　讀士相見禮。

初十日 看雲笈續語

十一日 楊滄仙同至傳佑灘至東吉田鄉學會拉縴演說

十二日

十三日 葉世蔭過談，中往蘇州所託

十四日 上元侯甥歸，澂之殷云劉義若反風之諸志不求生伯牙抵者下筆之難

遂及相難。又云如史記之就清韻而兼館彼美指之，儷國之不謀

殷不知何人所指，李極劇很歸，歸後君髮男髮出自生來也

十五日 挈冠兒游西溪

十六日 吟香樓看秋雲詞兩首，成寄香日居民宸祝本事詩

十七日　讀墨子經說小啟

十八日　午刻雨刻地震兩次　微雨雜雪[redacted]

十九日　讀莊述祖說文古籀疏證功卿世嘉壽孝本據讀敘云原本屬
華未竟之論子雜纂諸篆之未寫原甲戌以原稿流轉至雲
東為蔭樾許宮保校訂以歸莊氏甲申既錄副本凡四冊不分卷不
標目所存目檢存錄存十之四屬之和花禮耕理董之分為六卷云

二十日

二十一日　龍山跋曰徵病今日愈刻一聯世事變回氣轉手足之機須然
遂書記曰是何以嘗自今何能無志足矣不喜之似不可得見

淡已

二十二日 雨雪

二十三日

二十四日 天寒殊於冬时

二十五日 [redacted]

[redacted]

二十六日 仲揆来札云已就兴化公学之约不能来也

二十七日

二十八日

二十九日

三十日　沐浴

二月大建乙卯 初一日驚蟄 十六日春分

初一日申戌 同稻孫訪逸子恂 五弟種蘭

初二日 公孝路比屢議來城仍去祖屋開辟

初三日 看飲冰中國學術思想變遷大勢論

初四日

初五日

初六日 寫張猛龍碑陰

初七日 雷雨

初八日

初九日 看饮冰《中国地理大势论》

初十日 温毛诗《郑》《卫》。"不忮不求，何用不臧"，郑笺："我君子之行，不疾害，不求备于一人，其行何用为不善，而君独远使之在外，不得来归，亦以然之辞。"按《论语》子路诵此诗，而夫子曰"是道也，何足以臧"，正以其有然之之意也。子路之诵，盖在读雄雉之后，与悟之同意。下章君子宜云云，与庄子让王之语是子厄陈蔡。语子路之言，即吾此经之据，孔子之言称此，陈至鲁哀公六年，是年孔子五十九岁。《史记·弟子传》：子路少孔子九岁，然则子路是时年五十矣。古语五十为终身（盖五十以后终身之义，又此。又云五十而知天命），子路终身诵之语

蓋五十三年而誦此詩也　夜雪甚寒

廿一日　溫毛詩王風大車刺周大夫不能聽男女之訟較召南甘棠美召伯聽男女之訟不重煩勞百姓止舍小棠之下而聽斷焉　又引和詩正義亦謂召伯聽斷男女之室家之訟蓋爲男女失夫之道故易曰飲食必有訟而詩之重言男女之訟也

廿二日　溫毛詩鄭風褰裳　褰裳思見正也　狂童恣行國人思大國之正己也　箋云他人者先鄉齊晉宋衛後之荊楚　正義齊晉秦楚是謂四大國與鄭境接連楚則遠在荊州　是南夷大國　春秋書君亦曰孔子曰正名之意　極下事記其此絕於泰山正與我君臣之道接之權

臣鍇命為類帚曰土时齊化為田西晉化為肆𨔛錯臣無人望

之象狀意不備矣　臣下𥙷纂國執人慶業但指意　名非城關以

條望為集此亦察世人情之驗也

壹曰　語意謂周南兔罝　干城好仇腹心據纂謹言守和戰之義

董國先貴能守而後可以言和識和不易乃出於戰論所云是

武　先強於世去之長矣　臣鍇曰楚莊王之子胡墨莊鉏武王之如

嫁　非居傳之子於武王取太公女傳之所取其女猶母之如也

嵩曰　淮南精文大壯郭璞云今淮南人呼壯為傷臧其家語矣

丈夫裝壯弱淮南之謨

十五日 讀毛詩齊風南山序云大夫遇是惡作詩而去之此大夫

不知所指者乏君繫寔闌陳文子之先歟

十六日 種蓮 瑞蘭放花有並蒂者

十七日 讀毛詩魏風

十八日 讀毛詩魏風碩鼠如發古者三年大比民或於是徙族引

地古法日壞誤不復正居也爰國中之民出徙郊甚郊之民入徙國中

者償而付所受之吏

十九日 讀毛詩唐風

二十日 接舍壽安佛保三兄書今年四十雅婦吟老圖以敍精

舍弟書

二十一日

二十二日　張摩學董卿學　孫士館叔風　五千四百志義推十分一

弟士論

二十三日　吟香以舟過我

二十四日　沐浴

二十五日

二十六日　至賢書院甄別　漢叔南北學子論專制共和說略

平公將出一二章義來贈諸張與之閱請策極高明而道中

庸叢

二十七日 雨雪

二十八日 說文惟初太極道立於一極道對言蓋以為所為極中庸為道也

二十九日 心蘭詢其太夫人之喪自粵東還歸 拉師吟老同往唁之

過詠齋商定學科 每大課為讀史文算經濟小學課

而以讀書讀禮間提 史漢古文辭而以史記通鑑間提

三十日 讀毛詩秦風講至周孝王為伯翳能知禽獸之言子孫不絕故

封之為附庸 正義曰地理志稱孝王云昔伯益知禽獸是知

其言語也 僖二十九年左傳說介葛盧聞牛鳴而知其言是

達之佛道悟是術，蔡雅之佛醫，綜蔡雅語多萬言辭

三百指喻，牛是佛醫，知禽獸之言也。穆正義引地志及左傳

實謂與蔡雅說佛道知禽獸之真轉譯語可證而總似子

善能世界家學者也

三月小建庚辰　初一日清明　十七日穀雨

初一日甲戌　读毛诗秦风秦仲始大有车马礼乐侍御之好

秦襄公始命有田狩之事园囿之乐郑樵谓石鼓为秦

物亦自有据　而左之孟子无常辞不得据上为以为不恭

也此最可读此诗与尔信之共予怀中年所与杨生说

四季等及此条似不同而说此不恭字将当此柳下惠不恭之

恭曰善无隘而归是谓我也谓我而我爱之曰是柳下惠之

援而止之而止之说也故以为不恭也左以读质

初二日

初三日 學堂國學第一說文[redacted]以第二論語 其書有古人所以合群所以理群之大物也 學堂第一三年即聖人示人群學學之要

初四日 說說文部敘及論語齊魯古三家大略

初五日

初六日 說說文一至示 論語孝弟章 聖人以春秋張義治之治以孝經採前世之亂故有志在春秋行在孝經 有子之言似老子孝弟作本 竹新在孝經之意義也

初七日 說說文三至卜 論語那合三章 論蘭當語此三章大

不論語新書之詞義之弟舜而首至下以下其三章皆是例矣

條 論語語之仁凡若干章而以孝弟為不行令為實事孝子親仁者

親此孝弟而行令上人可一能仁字最簡矣

而八佾說說之中也以論語三篇之章一會讀作為乎說者

其業而不共人講習也習指朋友講習與上為課與之義

一律與篇首章之習之習一尤相同注易兌曰君子以朋友講

習兌說也時習而說所以為講習

而九白說說文兌也正論語千乘之國 千乘之國不其墨之完也 孔子曰時孔子是墨

長而集其經墨子等下所完之事 [redacted] 墨子之言九

亦出於求書之用不必叢書者實也 書之所由作則採擇書之
之原而不至困乎其書之根基于古書之原人則嚴於民之教
而不能為後聖之向基于所從作之以時則異重學爛
之學所以後而向之所得之其所以不厚也
而十日 從後文皇至十語語第子言之西等于學文從民六書之
旨也 未學而語之學日經不知之甚也 蒙學為算以學
學者經其是矣 德之恭儉讓等是聖賢所以用之任
道推其義等是聖賢之文辭之謨
其有語之文乃至文論語 是而無論西等等 無論之等等

夫所學禮之義，古文承下有道字，道即禮也。曲禮富貴而知

好禮則不驕不淫，貧賤而知好禮則志不懾。魯論有道

字，蓋以下禮字說承之，據文樂禮好禮矣。子貢引淇澳詩據

毛詩序謂美武公以禮自防，尤足明禮。益據子貢衛人述衛詩

所謂樂操土風不忘其舊者也。今之非學者論語作樂，亦可

以知悅矣。凡讀一書必要研其根本，論語二十篇以學始以知人

終，學而一篇以學始以知人終，知人者三年王依世所吟嘆修之

鴻寢久也

十二日　孫師鄭老函招以蘭若談

十三日 管子輕重篇田野篇言以玉為幣 山海經黄帝擇於

峚山谷之玉液在氏黄帝以之為紀 皆說文玉气之部 說於玉

琢善史隱述本朝制作之大也 論語而段仁蘭甫說印考

篆而巧合之人指本之義乎 古文之本字說諸侯諸侯所取巧合也

十四日 讀說文斅至目古文學字作斆从斆冂臼聲 斅

學二字古本通用从施教之字則讀之斅从覺悟之字則讀

之學

十五日 讀說文朋至左 自象鼻形 今人稱我者每自指其鼻

是其遺意 言可證我之自鼻言居多 諸經為西之卒乳

子因老子之説而無所依靠者也 老子之言無為 孔子曰為老子曰

以德 孔子曰德 譬如居所衆星共之 依於 三十輻共一轂 當

其無有車之用之者也

十六日 読之史五云 山世界明合一一道也 道德語以言叙義子年合

[illegible]

[illegible]

[illegible]

[illegible]

[illegible]

伯寅言書作周不魯作周其實以隱周字之字十五國作周
為實以追文武之盛禮不忘其本莫典而自絕其祖訓
故為賢者所譏
十七日讀文王世家論語首章之以明章——禮記緇衣引此文王
下讀引甫刑——云云厲王人莫頏孎羞禍矣
十八日讀之矣吾王祭文狀其年久人祭等字特皆
子家之辭列兵家者後之遺緇衣一篇沈約謂子思作餘
猶邈可以證諸外如此例者尚多惜題為閣本論其爲
之 讀文選非難也難於當讀得趣之樂手備盤

錄文日新之又舊讀必本字語乎也不必為更謂之詞

十九日

二十日 讀論語吾十有五而志于學之章 不惑 就仕言 孟子四十不動心亦就仕言 古以四十為仕年也 讀史漢下之大夫射麋之惑也守之禮之謹而所難 不論雖實不學理知之道雖如雖云雖達之雖聖人語子貢以踐身而行 語曾子以吾道一貫 當是獨也

二十一日 讀之午未出多讀論語閑來四章錄於卷端以備守是為德要道以順天下之志 吳仰提倡於上 學士諷議於上 而於私膝笑言不作甚感舉也

二十二日 三省書院課題 周濂溪襟懷灑落如光風霽月論 西漢之功

臣位次凡十八人良平何以不與策 擬古文苑錄班固十八侯銘張良以第三

陳平以第六是十八侯中有良平也蓋惠帝三年初説云詩如是否也高

后之年命陳平錄第下至惠帝年乃互述第同以兩君謀多於

戰能求之德然也 光風出於詞許君説文説兩得之語兩

上句霽月亦稱誤魯直以光風霽月稱周子是用楚之語楚文

楚辭也

二十三日 看論衡問孔篇

二十四日 三兄壽來 題詩考古正紀本子詩題詞四首云龍能勝

永就傳時生中鄉詩檀未□風華老去轉難書萬著湖

鄉說入詩破除臺序謂同人惟有詹成大麻係一病經年

無善者淑君超處有神鑑採摘口號摭詞遺隸予擬續

語太嚴爭及滬洋好風模揪取雅句生薦香餘讀詩思八年

相詢予係予未全讀往之論史詩人萬言總部從一貫來

二十五日 讀說文母內諸語吾證予聞孝章多母兩部相承可

證諸語一母之義集遠自是從叔之志不必章涉下文禮字

吾證予父如吾信予固晉父也證禮遼之之則以人父不必皆如信

予叔以禮正之正不必證予自不證予告禮遼不同告禮不遼分

看乃行

二十六日

二十七日 杨生来问经义

二十八日 撰咏宋后妃本事诗题词四首云 汉唐中兴博士家

西厨雅擅翰林名平生自托南雍不为纪极武库来何

湘风韵最盛（妻烟）庭有先文采如谓为经庭史当以学相开

编先录书大人指归言义渊雅遐（李仲钦 李执）撰述在今传

大部分長編好材料千條史貫百家编总經生事業

心平清远谁解麟事足图风战悔十年研書最愛詩令

夏祺申覆

二十九日　南園儆書

四月大建辛巳　初三日立夏　十九日小滿

初一日癸卯　東臺散識前場使非四方不厚羣居之義乎

三草義　雪濤是之一樣

初二日　牡丹初開今年約三十餘花紫叢生之放

初三日　讀文選古人句云月之白日之白人之白鳥之白草之白

之白雲之白　類詩君宗曜之白之語爲之首

初四日　揚州宋某來談書肆版權來都事聯合藏

圖考吳其濬著書圖考爲湖南黃沛翹著吳書

刻入四庫書版書此至嘉十川本

初五日　看西藏圖考

初六日　前年金陵書肆見巾箱本石印注疏，囑書賈之，以為舊人購去不可復[illegible]。今日偶於市中獲一本，雖似肩所見書，函買歸。書甚還寫活，重者治理太宋大宋。

初七日　又於書家買得夏燮五服釋例，夏炯仲子作(吳江垂)。史案孔(廣森)大戴禮補注，當僅夏氏間人亦多變炯之善拆之昆仲也。孔書雖解已收此派局初印本。

初八日　新學出橋句藥亦將放花。讀夏仲子集，真攻駁漢學，更不甚是，當義理與訓詁[illegible](似)異而實一，皆所以明詮

即皆所以核古忠及理人倫也精深之極至細而確者畢具
力富才雄無敵本原情漢學家不肯讀宋學書而惜
其為宋學之美而未知漢學之真陳蘭甫述朱子書
皆係蔡相伯傳語曾文正服膺高郵王氏書此其能貫
通漢家而特冠千年者也雖紫陽服膺仍仲子書以為箴
砭其去病多矣
初九日 又從朱家買得宋元學案明儒學案宋元學案為
光緒五年長沙刊本明儒學案刊光緒十四年南昌刊本也
宋元凡百卷明凡六十二卷以之負宋元序語王梓材有宋元學案

補遺日記情未刊」

初十日 讀安定學案。安定教人之法，識量具備之。經義、治事二齋。經義則選擇其心性疏通有器局可任大事者，使之講明六經；治事則一人各治一事，又兼攝一事，如治民以安其生，講武以禦寇，堰水以利田，算數以明數是也。劉彝從學安定，且師以明體達用之學，教授諸生，夙夜勤瘁二十餘年。

十一日 讀泰山學案，春秋尊王發微具錄於篇。黃文潔曰：本朝理學實自胡安定、孫泰山、石徂徠三先生始。

十二日 過子湘觀蘭，湘亦買羣書類辨、六書韻徵等。

十三日 積泰山学盘土

十四日 讀説文朕戕之義

十五日 讀説文人字天地之性最貴者也此許君孝經説之僅存者

十六日 過以舟 大雨

十七日 讀説文衣象覆二人之形[redacted]孫[redacted]孫人為人賤讀二人為貴賤兩説似皆未安覆二種為辭礙讀二亦覆也周禮撲民讀二者相承覆之義也二式古通用義之也重也覆々以之也重也覆二人猶言加覆人也

十八日 積為平學業

十九日 读渔洋山人年谱

二十日 三兄四十生日

二十一日 看樊南文集 芍药放花

二十二日 说文正下云中邦之居 东田北面正东南 可从张见 黄以周

时之疆域 子相拟集未推正广 雷雨

二十三日 读之文富多叙而多家语语学而不但两年间有汉学之辩也孙有宗学之辩也异端语异非吾所学者也孙之

而复依取之如汉学攻宋之攻汉 当日附似异至端甚深

二十四日 读文唐庐题跋丛钞 陆燿切问斋文钞 实录

賀氏經世文編之先

二十五日 讀切問齋文鈔學術類其編錄大旨在于程朱而抑陸王張稷若辨名人之意也未始有異也及吾既成或爲百世之人事或爲天下之人事或爲一國一鄉之人事或爲一室之人也天之人事一書最爲著者則爲不具之人異類之人事

二十六日 雨 王璞謀屯陳會堂當紀語頃刻自王九卿孝文王臣不審也一節蕞戩後世者按蘭野句語擬蘇文生傳勇散策驗而經受力二句義 外史根者按蘭野句法

看劉文淇楚漢諸侯疆域志

二十七日 張英語歐陽高書八年正二年內陽淳書信來修年長下

當列之姓名 而王母萬紀之之子也 修紀之請學

二十八日 讀史記殷本紀 其子言武丁朝諸侯者天下三代時之者是

下以諸侯朝不朝為徵 本紀於湯曰諸侯為亂曰湯乃興師

率諸侯曰諸侯畢服湯乃踐天子位曰●●●告諸侯於太

甲曰伊尹攝政當國以朝諸侯曰太甲修德諸侯咸歸殷於

雍己曰諸侯或不至於太戊曰諸侯歸之於仲丁曰比九世亂諸

侯莫朝於盤庚曰乃告諭諸侯曰諸侯來朝於紂曰諸侯

有所謂口語廣義、狹義口語廣多歧討論歸而作以上論文

書字中所謂子細話處有上下之義

二十九日　范家相著詩瀋二十卷，讀所可采者

說文：夲，進趣也。从大十。大十，猶兼十人也。讀若滔。大十人之大十人者也

許說當人得進也，故曰通之。論語載諸孔子曰子之實不為政

當從白虎通為最早之時。論上章有最早之關，曰云云，即可證

三十日　論語為政第二篇記子張問十世可知，大義干禄，章書云世之義

也。十世章三統之義也。東塾讀書記論十世，日正由後知前

似非

五月大建壬午　初四日芒種　二十日夏至

初一日癸酉　說話讀輗軏輿與焉不相屬也以輗軏爲相屬之鍵人與人國與國不相屬也以信爲相屬之鍵民可以行之行而僨館之輪行之不之行車行輗軏而後行人行信而後行也

江夏吳光耀撰古文尚書正辭凡十八冊三十三卷第一至第五爲源流第六爲序目第七至第二十八爲舜典大禹謨益稷五子之歌胤征仲虺之誥湯誥伊訓太甲咸有一德說命泰誓武成旅獒微子之命蔡仲之命周官君陳康王之誥畢命君牙冏命第二十九至三十三爲古帝之釘孔叙孔傳宋子第

三十日　為敘目至書粵年反東晉晚出書之謬發吾郡湛

樸谷先生左文爲書私議精博多矣

初二日　看尚書正辭　諸文部尚畢

初三日　吟老自錢江回　漁洋精華錄龜練訓蒙日記書略

老所藏[redacted]本[redacted]余昨所見本[redacted]全業

箋注也全中所引惠說凡十二卷前有漁洋年譜惜刊寫不

精閱竟之後別有林佶寫刻本極佳

初四日　三兄之話我來書觀碑四帝紀帝紀六行二十一日字不

著一卷至日記而刻與　漁洋叢瑒口譜　云嘗有跋人筆

樹子更無嫩遏雲連波繚不繆隨談迴文錦一種鎔洗而
索何以山谷詩對陸放翁下醉佳耦而足情味深厚尤細
尋常考典者所能看古書正辭源流

初五日 研溪自上海歸 為談積大地平方圓及中國疆域沿革圖

初六日 讀說文敘書契作結繩造書謂之可相承結繩之文字
之先河也然儒者大敝於所習蔽所希聞怪舊藝而呈存
騁之以至所知為秘妙東集風者紙繆至七分可知
矣不通字例為騁之夫子之雜言一書所謂理學類解
釋語唯等者達神語者也

初七日　借吟香館精華錄箋注　新秦前尾中山有風翻

堂字蓋原印本續本無此三字

初八日　看漁洋詩

初九日　錄王元恆烈婦一首　又劉向傳列女兩指秦書只死曰宋恭伯姬

曰梁王郎張時伯姬詩傳如斯明趣見子如來見子何厭死皆可

已毅然烈婦所稱者不言可觀矣許山邊九泉飛魂作一燈文

總有斷如規備作自燒幽回腹洞亦完覺窗上鼎忽暗

初十日　三光呼不雜經韶琴語之步　鄭注及邵郝兩疏

皆未詳　精兼能臺樓　琴長八尺一寸古以八尺為步　一人發

跛至横琴齋書窗一步，跛踦之步，又振步步，徐行也。下

之結繫聲為蹇，易曰往蹇來連，蹇者難也，謂行難，步蹇

或皆從蹇，再之喜人語聲不能急其言，語多吞吐，難者

而已

十一日　與鶴書群叢講孟孫之詩，素孫可以作學年擬閣

可以作學地，佩可以作學子之飾，書可以作學子之業，不能可以

作素學之典，日月可以作齋學之錄，此詩意鄭之鄉先生

所作

十二日　看尚書正義

十三日 孟子諱軻，字子輿。王引之《春秋名字解詁》闕其說。據《說文》，軻
接軸也（本《玉篇》引）。段《箋》欲推算輂輂之間，輂下云：連車軸輂，下云
車堅。段別軻為語詞，詰軸使堅，本《玉篇》引賈頻四輂車軸於
更深曰軻。段氏以為軻字皆於引申義。孟子名當
主語義，畢竟非義也。此語孟子居貧轗軻，故名軻，字子居
誤矣。從子接軻，從子居，即（著）其義，而肯也
冒者，內相摩也。《玉篇》有輔字，訓為車轂上之堅也。從肯之
輔為車堅，砥可之，軻為軸說（理）可互明。說文無輔，因輂中
輔也。別出轉皓，言任川之下道曲直而闊者，軸也。與之任在軸，名軻

故字子興，興者人所居，四故又字子居。文選辭命注引傳子云：部之君子，重子輿，吾當對長
藏乎子輿，所以發大光，合以危義，直歸以趨峻之
未聞遂語吾子要字弘也

十四日 讀漢書敘傳班伯從鄭寬中張禹受論語，伯每精生惑
師古曰：然則固謂漢書多本父業，而所述論語必師所受於家
學者也。是蘊讀漢書攗摭論語班義述稿，殊不可從
既當重錄之

十五日 王考綠序篇之後，逢吉之所逢吉者，可為證

十六日 讀洪範三德：正直，剛克，柔克。鄭注：克，能也。剛而能柔，柔而
能剛，寬猛相濟，以成治立功。剛則暴，柔則弱，失陷於滅亡之

道也和能也雖鄭義最以下文陽為友即所謂剛則陽也故以

剛勇耐柔之人說之說之變友即所謂之柔則陰也

記作內之寄為納之省納即退之退者却也退也聽下退却皆與語義合　故以柔而勝剛之人說

之沈潛之句鄭君謂善沈潛高明經本以俾上剛克柔克之之

皆剛何以能柔說者能沈潛也柔何以能剛說者能高明也

左傳文五年甯嬴說陽處父以剛克下引沈潛剛克又云

夫子壹之又云之為剛德猶不干時況在人乎正謂處父太剛

而不能沈潛也近儒為馬遷所誤於沈潛之句多不能據正

本晉書文章於左氏之為剛德一語遂移沈潛屬地高明

為之式穀

十七日 讀洪範 惟時厥庶民于汝極 錫汝保極 皇極之敷言 凡厥庶民極之敷言之 此乃君民相保之道

十八日 吟老心毋過我

十九日 讀王莽傳 歎今時君祈雨年後雷雨

二十日 讀小雅湛露 詩此數天子燕飲之禮 去宗室同姓諸侯列成八非庶姓之議之列 此書者皆承仲飲極六酒而樂極其命 以安緩之承仲 日暮下至盡未下之殿 非日出為止 此之謂不醉也 鄭君此條可以補注傳

二十一日　讀小雅六月序云白華廢則廉恥缺，白華序云白華孝子之潔白也。人子事親以廉恥爲第一義，靈均其知之矣。愧爲高陽之苗裔，伏清白，豈有光於父母之子孫。

二十二日　吟屈原，書南史庾杲之、顧覬之、張緒之事。

過衡翠　全唐詩第七函第九冊有吉皎詩一首，題爲七老會，其中磯云：當用其卷經來會讌，自叙松竹，且詩老時年八十八。皎，馮翊人，衛尉卿致仕，吾族望馮翊，我先祖也。又第五函第四冊有吉中孚詩一首，中孚鄱陽人，當別是一宗。

二十一日　五弟以張□□屬余□□何日晴雨至二十三四之交乎

二十二日　散步讀未雨

二十三日　午後自成都□子正大雨　吟右前日有詩云侯吏風塵漫比肩誦古原身大羅天隱隔新豐劉銀雷城日遷君已一年矣何君之化也微雨益佳

二十四日　庭除連竹得雨皆清潤可人　讀漢書敘傳虙羲畫卦書契後作虞夏商周孔纂其業纂書刪詩綴禮正樂彖系大易因史立法六學既登遭世罔弘群言紛亂諸子相騰秦人是滅漢修其缺劉向司籍九流以別爰著目

錫嘏序家刻班之積薪文忠與司馬遷之孔子世家同意

二十五日　國粹學報載亭林手札云十年闊别夢想為勞老仁兄

閉戶著書窮探今古以視弟之久客邊塞歌詠帝而思風

雅為負茅霄凡之隔矣西生懷里而將北來傳有書札途

中失之僅以所讀杜集一卷錄呈書中不待尺素之殷

勤而已如見古人也弟學所得在自家本領足以垂之後

代不如偽人雖蔑亦不屑與人爭名以弟三十年來並無

一字流傳坊間比乃刻日知錄二本雖未敢必其垂後而近

代二百年來未見是書則確乎可信也道遠未得寄

陳筆錄老杜詩十餘條細繹後先寫長原雜說矣嗟若步

奉候起居不莊不備　弟名正具

二十六日　改揚文

二十七日　看方徵堂集疑除不住讀文有譯經許君去函余

未過目字誌所有所家注雞有譯以禮記興以

雞豚之禮證之原經無可疑也　禮記又云廟則豐之

二十八日　曲禮讀善則起　鄭注引論語子張問政云云為證　孔

疏申之云子張問為政之道孔子答云為政先行恩惠後乃可

使人為勞役　又云但前勸行前恩惠之事無憂則必

是為改證。自來說家無說先之為先行思重者，亦無說

其傳言屬先言者，此亦孔經師相承舊說，孔用

之也。論語鄭注今佚，釋文作者序鄭說云：勞力報孔

疏云：蓋鄭注為說勞，此解勞之勞即思重之

義。蓋先之勞之四字作一句讀，謂先行其思重也。至制

單言先之無由知為行思重，至於勞乃可使人為勞

役，正是申足先行思重之語，所以解勞也。故下文無

倦，孔但言勤行思重之事，不復及勞役，固孔疏可

以知鄭注，因鄭義可以知經指，唐人正義有功於

本經有功非仙經妙也

廿九日 讀漢書高帝本紀 二年二月定鄉三老縣三老之制 三月王從洛陽行有新城三老董公遮說之事 其氣機豪若虎少有諍捍亦一奇也

三十日 看尚書正辭 雨

六月小建癸未　初六日小暑　二十一日大暑

初一日癸卯　看尚書正辭　太平御覽宗親部外甥引三輔決錄云吉闓幼有美名九歲明尚書　讀漢書惠呂文景四紀

詠齋過我

初二日　看尚書正辭一篇目

初三日　孟子必有事焉而勿正一節專論在養無害之義助長不善養而有害者也如勿忘善養而無害者也儀禮士昏禮必有正焉若衣若笄　鄭注必有正焉者以託戒之使不忘　蓋有藉於物而能不忘語之正以勿忘對

無窮於物有事也勿正也勿助長也皆所以反復申明以勿忘之旨也諸家於勿正而無的解至近釋疏忘知引儀禮然以者亏為者字勿正為不執勿忘為者恆勿助長為不迫四項分釋未能一貫也如舟流無係雖及此因為說之

初四日

初五日

初六日

初七日　葉叢過談　叔齋為金陵書一首　悲儀徂歸事

初八日　連日苦熱不能振奮

初九日　熱氣稍減　看譚玉山房試帖及制藝孤摩居終日

三島宅作雅道之末年學人風氣慨乎言之　雨

初十日　溫左氏襄公篇

十一日　溫左氏襄公篇　以讀補此所昧主也讀者語是當說經學附庸之語非足禮知政聞樂知德讀樂者可以爲經子以知來者也季札神明非常周之盛衰爲之國蓋道得之矣故曰能夏則大故曰國未可量故曰齊國之政將有所歸故曰晉國其萃於三族

十二日　溫左氏昭公篇　三卷　讀陳鏡服注　三卷　語雷居五篇　三卷

十三日　溫左氏昭公篇　申亥日晨子可忍也可以論語孰不可忍

之隱楷遂居矣　校番自京師學假歸過我

十四日　溫左氏定公篇　讀衛國有難二篇未嘗不為至

十五日　溫左氏哀公篇　哀公十年季札救陳時年當百歲

十六日　溫左氏成公篇　鄢陵之戰鄭國為主三軍六間之說

誠足以審敵情而振士氣趣之有寫之云晉厲之字獄

趣

十七日　溫左氏隱桓莊公篇　惟正月之朔云云學林獨正語胃下牲

繫繫異星也三光前日以天下閱未檢及也
十六日溫左氏閔僖文宣篇 少時所讀馮氏左繡本丁師批
從有未備者今皆補焉
十九日看馮氏左氏春秋時事論
廿日讀荀子王制篇王者之制王者之人云云蓋近所謂
君主立憲者也學者乃以專制呰之誤矣 太師循憲
命楊注語憲法此尤今日憲法二字之明證
二十一日讀荀子正論 亂世之徵云云之釋上之非作命名與憲序
李拔太師正日一之表

二十二日　過海齋

二十三日　祖考忌辰

二十四日　溥泉來之所録鎮江學堂歷史輿地兩科講義

二十五日

二十六日　損甫云京師大學堂師範科甄別史論題為孔熙陳賀佐淮陰侯對策題，而通場皆不知所出。按了見史記高祖本紀五年所謂孔將軍居左費將軍居右淮陰不利孔將軍費將軍縱擊也。功臣表賀封費侯，紀稱費將軍，本紀正義作孔熙，而表作孔藂，張晏守節所見本為睢，甚為荒謬

古今本也

二十七日 三賢書院課題 唐太宗修九成宮論 唐莊宗作請看

樓詩 擬劉 美禁 第十二條義 君子曰 先生之說 其一三年歲載 題后以

夏日南園讀書 上河川小橋景 平以居焉 此四句義

二十八日

二十九日

七月小建甲申　初八日立秋　二十四日處暑

初一日壬申　左氏襄公三十一年北宮文子論令尹圍云有威而可

畏謂之威　又云周書數文王之德曰大國畏其力小國懷其

德言畏而愛之也懿案之兩言畏後之兩畏懼當對

狀言君子不以所惡廢鄉　愛人所以可取

初二日伯申述所說關石和鈞義據國語周語景王

將鑄大錢單穆公曰夏書有之曰關石和鈞王府則有

又云且絕民用以實王府猶塞川原而為潢汙也其竭也無

日矣韋昭注關門關之征也石今之斛也言征賦調鈞則

書上所藏書有也標以刊闕補征存指殘與王府文字藏
正相貫注於傳以後為百二十行簡為七十行一又以闕為
通校校樣畢矣
初三日 有人往訪蜀圖仍往寓達為承三國志合刊費
之史記兩漢以遞為定稿云
初四日 夢寐明往蘇州為應來雜謂參為撰詩歸並竟
賞假期 讀華之化芳吾昨譯綜評 讀黃史零篇之命辭
初五日 為之修所以廣異聞而表奇事亦存錄之意焉
書道多業史記未至一徵人讀罷講勞動但不費使極

信陵君顯猶孟嘗也 當極以周秦間人語知而推陳出
名家亦名也廣墨家者固知其處處之術亦名家之集邑以為
筆下云云

初五日 頤齋王政名家傳莊先生篇王先生篇皆在後一卷
頤齋先生事略蘇齋作也

初六日

初七日 鄧艾傳注引世語云建安中少府吉本起兵許都事亦
作本不稱武帝紀也紀云太醫令吉本與少府耿紀也云少府者
本蓋太醫令屬少府續漢志百官三明通言也

初八日　雲石印本安渊館

初九日　雨　叔之太夫人逝世　为撰联云　太屋徽音觀文玉鳴鑾霧萱識猶郎　備矣深省辰孝篤異以訓翁理而使國人願云爾
太原錢經國經
錢夫人事

初十日　讀三國志局書　楊戲輔臣贊　丁湘梧集西濱

十一日

十二日　讀三國志

十三日　讀三國志　終訖

十四日　讀吳長暇古詩箋　地理古今釋

十五日

十六日　訪瑞齋遇敖擬議於座閒學事

十七日　錄兵略釋地

十八日　錄兵略釋地　城濮之戰晉所經歷歷而地名舊說不知何

本

十九日　讀大戴禮曾子篇

二十日　讀大戴禮曾子十篇

二十一日

二十二日

二十三日 看惜抱軒集

二十四日 訒齋遯齋約為合錦詞之戲凡共十闋儘有佳者

二十五日

二十六日 錢厚校會開學

二十七日

二十八日 上學期講說多半已授久或遺之今改為編錄讀學部雜來以學雜以新人語

二十九日 讀荀子四三二篇

八月大建乙酉　初十日白露　二十六日秋分

初一日　讀孝為仁本　六弟寄塞廬佳硯一方

初二日　讀當而所答子三章

初三日　讀賢賢易色章　賢賢指夫婦言　宋翔鳳論語說

當日已閱關雎序憂在進賢不淫其色　謂序為子夏作　以證

子夏之言尤為有據　劉寶楠疑居帝與許後同說

之字毛　南鄭乎鄭之釋易慕善　帝即其叔重子產

之書　管子弟子職也帝潛　閻潛邱作書潛事說二卷　許印林子擬書傳許之許　陳上

鄭箋以薛與許同翰之孔也　後字當指婦屬履土三之如

語意許章許書所固有之境故曰居也
三兄自角斜寄書來卽覆答之。
初四日大風
初五日 讀居業堂詩題綺錢以禮義張後經眼閣陳論
初六日 重讀齊語也 七兄 公羊史記語子貢絕糧齋告子
子貢通論方言之證
初七日 論語之君子多爲德經言如而重列而戚之章中旨
類也
初八日 小大由之有所不行 朱子以舊讀而安因易之據

此文當以大戴禮大之由也不與小之自也及論語本經大德不踰閑小德出入可也為文為證蓋禮之大者不可踰禮之小者不必泥一張一弛文武之道張而不弛文武弗為不行弗為之語也蘇籀讀似無二層意

初九日 振飛述初二[redacted]初四兩日之風上海崇明一帶潮水涌溢溧陽人[redacted]屢言無算年來吾省災禍迭見鎮江地震江甯蝗蝻為害夏雹及此次風潮垂象示儆也居長之崇德修業無論者信無信皆當自勉矣

初十日

十一日 作集注卷 柳下惠不以三公易其介義 王琳文章訓纂鄭注合論

十二日 題諸譔訓 中庸大義本圖 雅言讀本正

十三日 大雨

十四日 天氣復熱 如盛夏時

十五日 熱不可耐

十六日 說為政之篇總義 日暑表至九十度

十七日 天熱仍不已 下午急雨驟過 燠熱如故 晚飯後大風

雷雨徹夜達旦

十八日 昨宵雨猶慘 今始覺極快 天候變幻乃至於此

风雨终日　显考忌辰

十九日　弢儿风咳，脯热，昨雨后往看之，剧乃尔。

二十日　鄂粤督抚奏严办学堂，遥旨已允其请，盖惟以书谨学堂使士人心志无复旁骛，至为善也，然所谓学堂课程仍须理董，乃有裨耳。

二十一日　云岑在同校课卷

二十二日　女翁为遇戕

二十三日　雨夜遇贼　前日微觉受热，又发舌痛

二十四日　之贤谈艺，盛谈古今不概涉，论傅楷纳篆而之人首

以見天下之賾而意義

二十五日 讀說文敘云伏羲作八卦以垂憲象 又云倉頡作書依類象形 又云文者物象之本 然則伏羲畫卦正是造字鼻之祖

觀古人之象即觀古人之文也

二十六日 吟老雨老同集精舍 過叔老兄所為孫陽相馬圖

二十七日 莊子朝讀在宥天下之說 乃錢大昕讀莊子說養新錄

極得之甚深可之竟無從撿也 學書課程寔為一日讀一日講

二十八日　謨道与以政事

二十九日　子翊招飲觀所藏舊搨漢碑，史晨、孔宙諸種皆精。宋拓之迴异道拓。至孫積者亦有琅嬛仙館圖記，蓋文達家物也。

三十日　出衛署以東坡笠屐像面屬陸君與金題之，因占

為題絕句云：偶然綵解任千稽，儻本人間韵事留。不向玉

山樓下帶，因夫野鏈前風流。撫南韓活路蓋開，同調着

是非君吟相，信古字重都姜，寂不象風雨是君歸。

九月小建丙戌 十一日寒露 二十六日霜降

初一日辛未 讀續藏書儒林傳

初二日 講四家詩源流 令文學傳有齊魯韓毛諸派 韓詩外傳引詩

不出十餘事 韓亦魯之別子也

初三日 蘅皋招游西溪

初四日 讀左氏韻部分

初五日 講詩經國風四章

初六日 賦與吟居聯為小題文一篇 硏居見之謂為試帖以綴

至頌雅可觀也

初七日 读论语竟。与周之由论以两三年。仙蔚自学堂归。紫晨

书八箴庵多之账，蔗本、群书之籍，通论等伦。

初八日

初九日 顾光存卿、吟雨诸君及两沈生壬生、同生曰为雷溪之游。

初十日 游浒雷溪。

十一日 学堂课题：[illegible]，苏武还自匈奴为典属国论。

王生好学，嘱也一管之笃，乃迫家计往江南习实业，良可惜也。生能诗书，鲁论、毛诗通谙，尤有志诸算术，西语亦晓，略之而已知其二三，自沈生以外无与为也。

十二日 读论语视前所以两三年。

十二日

十四日 讀論語 君子不器 三十二章

十五日 詞齋明為揚鎮常應徵

十六日 讀詩 六義四始

十七日

十八日 作少年行 嗟知少年樂，少年知不知，今知樂，少年不知今

知都少年時所苦，莫令冲冷痛斜峰，少年何所樂，一

朝身在池東鄉，左巷風紗小弄樓，是節喧如此，鞋鞋結作猫

小小樓台為聲，養枝鞋邊道，收集芳塗抹，粧叙頭支派

不雜儒老墨名流不入官民軍作新民黎周雅頌革命
修撰戴文孔融書說絕交世許則農學儒民羣道
三萬百老儒見之心驚談不因佛說哉以此可見已不為海瀾經
鈔經只怕中原生陰沉還自大諸黃帝兒孫叶調太古能
理身編辛程宣法哉仰首追黃雲飯能醇醪黑牡丹
水相度宵夏之憑肌膚本周官腠一人佛勘形樊民作三
雜禮東新錄洵逸從詩書面龔老人猶爭閱鄰縣
汪螺屏依舊所從謀斗鐵珠子李白見瀛三寫日濟水
桃千樹娛如雲　聖明正論勒功下和歌拜鄉鐵欽遠

絜累者寡以珍非龍士以服推踐一經一史一學歸之錄
家國衛道殷錢穀任職以會諸推公測天設齋節鐵使
事傳陸秀安立為喬青花鐘文筋精舍朱張馬界
非能德滿第未附臣屬今日少年聊舍三長他日少年世
大難者信經羅書不已至道一誦老儒言九陸方成
四野謳作頌聲出　今天子
十九日　講論語業而不思兩章
二十日　審訂前課義
二十一日　講論語子張學干祿闕十六兩章　維心蘭

二十二日 讀詩周南

二十三日 講 讀詩三注及讀詩纂疏

三元語直作蘇首云一團寒氣蔓延摩挲 神物不勝

憐芳草識高珍新詞出臨軒詩是何等佳語風流閔子相

北門學士至驪駒瀛洲只合神仙侶乞借公衡寫一條 六月十二日記

事須朔風雲能落然無自遣海氣雜龍騰秋堂信

成殘局報與先生一桐碌碌亦遍某解年未三十

便抽身平生纏者語不答面摘讒將為伶人 八月初四 寄子宰

讀荔白 一事無成髭鬢已燈前猶記兒時達五讀楷

题子秋君启日生三题有镜知多恩强熟随俗执中年
和梅诗书学新弄择者觉嘉嗟已震窗人窟萦心
乙巳余年四十四督生矣沈生年十二学为诗得年来何忧诗书
乙逢七字律甚当矣

二十四日 吟老招同清君任留请话 清君居樸斋 今亦多見

报从蘭 似蘭已往苏州

二十五日 为周生说梅母之诗 生勤学好问

二十六日 讲论语录出 阅何劵对正版三三本 段石老一藏

讲注蒙甫唐陵诗 沈生弟讽诵甚备 至所微引具

能解释 求之今日学堂中 未之多觏也

二十七日 二先生日

二十八日 講論語人而無信非其鬼而祭之兩章

二十九日 與王生書 錫之子曰錫孫拜命一韋母墓志銘云母以錫孫從太師爲公真鄉學而稱也三之前以業畢拜劉從居先生之稱祖祠余时来憶及此

十月大建丁亥　十二日立冬　二十七日小雪

初一日庚子　讀三國志陳思王傳　光緒十九年湖南刻胡校通鑑[redacted]者而觀唯常低千

初二日雨　三賢課題　諸皓郝經名語　以秦稱鄧地方以東士依非依進非以穆工依非作修非作說義　劉瑕祖趙進名論請两匯議雜有智諸不如桑勢[redacted]雜有錯是不如待時義

初三日　少儀以鄭注引考工記證正厚則不正薄則橫絲則於屬則撩百長面則寛為皆是說十分之數問以之一為之厚為法雅析類也則考工記之文非說備錄　本有六等云云是

墨子經上云法所若而然也說所以明也尤足明法說相因之理

法不據屬無以存定之云云即是說能人之材云云是法以為利

轉云云即是說墨子經上下但有兩云說其用周秦文體字蓋

有此體例矣雖法說並錄疑說非後世所當作為法說

為說也擬分析之為唐王法說錄

（原件此處遮蓋）

（原件此處遮蓋）

十一日 講論語孔子謂季氏二章

十二日 東京官學開校 席臣招往觀禮

十三日 講論語林放問禮之本二章

十四日 讀明德馬后傳 讀三先檄並和詩 吟馬文論作

十五日 講詩鸞霽寒什

十六日 東京擬古贏會

十七日 雨 寄題王生檄 讀樂記學記

十八日 講論語君子無所爭 射不主皮兩章 射禮之物作

又題鋁作七十形 善物理 莫過格物 一四五十指 十合一幕之印

雅物之説也

十九日

二十日 讀論語巧笑倩兮、夏禮、周監於二代、儀封人四章。素

雅齋讀戴東原與某書，東原寧周易經殿，讀王恩疏見

及之與郡由東林之屬爾 稽唐為壽序因爭其以東原指

昔賢之乃綱之雅多篇中，以窮愁屏之之吟老悔老者皆詩

以詠其事因謂和四首。昔嘗云周南著乎召南，蘇黃

傳千年者可觀，蓋為頌臣紀石十年如何今日生計

人吟詩者亦云一人翻閱兩人讀，懶把蒼顏對鏡函後騰

南翔崔張兒景卷全身着細鐫筆

二十一日　學堂課題　學記證明今日學章策事稿之鄭鄰

國之體　爲晉爭覇　秦事上下衛地策書以李

衞泰兒爲荊衞作註詳繹　縣泰係聚靜精微

二十二日　講閱兩樓亦各臨新帖　挑天

二十三日　錢伯臣周仲飛諸人新設一閱書報社於邑之廟

訪齊　司倉請歸　哈老有鎮江之行

二十四日　攤集論語爲歷而成書報社云　多見而識　知之次也　自適方

年不亦樂乎　方依蔡邕謀竝

二十五日 講論語稿自沈濂而往者以下三章

二十六日 書賈以湖南刻通鑑來屬余留之其書凡八種曰通鑑二百九十四卷曰通鑑目錄三十卷曰通鑑考異三十卷曰通鑑釋例一卷曰通鑑問疑一卷曰通鑑釋文三十卷曰通鑑釋文辨誤十二卷曰敘錄三卷

二十七日 講論語王孫賈管仲之器兩章

二十八日 讀胡元常通鑑敘錄 元常字葬甫長沙人

二十九日 讀詩兔罝左國語之年鄭玉引史記而說之曰亂刑反之史可為千古讀詩者開生封畛矣鄭以首章為守次章

爲和之年爲設軟極有防微之義達有交通 義并有師旅之
義藏說謂之
二十日 看胡渭顧祖禹黃儀三人學略并稱 三大奇書語 祖禹
之讀史方輿紀要及梅文鼎之歷算全書李清之南北史合
抄也儀字子鴻常熟人有水經注圖

十一月小建戊子

初一日庚午　十二日大雪　二十六日冬至　江蘇戌正二刻六分

王爾翼語讀史以正史為主而旁證以外史如前後漢外有荀悅袁宏兩漢紀　三國志外有蕭常續漢書　謝陛季漢書　晉書外有崔鴻十六國春秋　南北史宋齊梁陳諸書外有許嵩建康實錄　新唐書外有劉昫舊唐書　范祖禹唐鑑　五代史外有尹洙五代春秋　范坰林禹吳越備史　句延慶錦里耆舊傳　馬令陸游南唐書　宋史外北宋有王偁東都事略　曾鞏隆平集　南宋有李心傳建炎以來朝野雜記　徐夢莘北盟會編　葉紹翁四朝聞見錄　元史外有蘇

盧天爵為予假皆當參互校訂以知得失

初二日 講論語子入太廟子貢欲去告朔之餼羊子曰事君盡禮三章

鄉黨一篇備多述古禮入太廟每事問與君命召不俟駕連錄多

為禮文多雜者子曰是禮也之答語以入太廟每事問正為禮經

所有耳 看漢學師承記一過以江氏家刻本校此本為長沙刻

初三日 早起霜華滿屋

初四日 錄此中所述之鸞郎艸非有人服之而致大樂大樂

初五日 讀三國志辛毗楊阜高堂隆傳阜上疏言帝疏云先王內訟

人所記先王訟責己又詠營陰陽宮殿疏云為曰輿之苦居鄭之宗

竊觀乎户闗之無人，王者以天下為家，喪亂之禍起於家無人
也。此可補漢易之遺。陰為高堂生傳，其諫非常疏云：故不割情
無以相供。仲尼云：人無遠慮，必有近憂。由此觀之，禮義之制，和苟
拘於務以遠害而興治也。按論語古無年記，於鄭譜詳遠從人之下篇
諸割情而從禮也。又云：喪禮萬上疏云：癸卒之後不專于隸，放從惟不守
誤私也，不專于隸，有諸禁行，長課或殺，求此於隸而不可得也。又云
荀卿魏孝成之號，儒稱傳于至於始皇之十五年，春申君之死
當始皇十一年，韓非卿之卒，後春申君又二十餘年。此可補
汪容甫荀卿子年表之遺

人間世一 大宗師三 至樂一 天運一 達生一 山木一 田子方三 知北遊一 讓王二 盜跖一 漁父一

初六日 讀莊子田子方篇

初七日 題盧生志 碑賈以渠沈君馮君石闕舊拓來 從楊鐸馮君搨 又有北周強獨樂為文帝建佛道二像碑 石碑首不碑雖字雄駿異常 沈有二闕，左一曰漢新豐令交阯都尉沈府君神道，今所見者謁者北屯司馬左都候一闕也

初八日 讀莊子外篇雜篇 莊子書多道顏子事，約十五條 莊子生平有志於內聖外王之道（天下篇） 而顏子實多愧焉 故不覺至鏤服膺至再 又以顏闔、顏成子游、顏不疑之類，時見稱引。韓非列八儒，有顏氏之儒，莊子殆得顏門家法者與

初九日 看新六哥昨季南晤 主兄來一談 夜雨

初十日 看蘅夢燈余談望金石過眼錄 此書刻於光緒之年文字總序云光緒十二年歲在丙戌望金年七十二列巫人同甚返也 望又有揚州畫苑錄四卷 二借錫錫考及十二硯齋隨錄 看昨季南晤 左葊石綴命詩云 峽拆岩封歸語過片雲歸下三長如何寸丹冷魂諸將老荒湯心寒烟總不磨石 史閣部死葬說者不一計以見據至不懸為正墓可信也 出

十一日 讀張猶朵為周文帝造佛象碑 皆猶立身注諸乃中。

以象田畔也隱注誤為靡費帥旅注誤為帥將武全軍注誤
為居帝士卒注誤為士平涂攙搶注誤為隗攙搶孝批注誤
為先批追信注誤為迺彗注周繚注誤為周恒史于繚注草
誤為于繚使信注誤為使持嚴小儀注誤為嚴小貌秦陽
注誤為秦揚緩竇注誤為緩竇注錄之不精略若蓋可
知也太倉陸詳序云先生既逮成郝發列注書能以
戴書四述而記輯未暨檢校拾遺訂繆是在來者此不碎
釋文之大誤為刘之著罗集釋為邕牙口泰嫺加
埠光釋為加加埠悚不見原稿其文義亦長甲通矣也

首〻加卅圓控争先上加以力北殺書澐嘉〻證飾大
都類也又此碑下截有佛像〻旁有弟子何周敘
造釋迦象願一切世界衆生早得作佛二十字此又注所
未見也
廿二日 讀樊敏碑注及釋文據徐渭仁雙鈎本及原石校
錄今以全舊藏本校之注釋闕誤頗多如為兔種格下有
國溪書下有蘇字
食潛于岐四字田見下有突字論〻下有部〻從子二字君敬一下
有以字曰最明如下有卿殿二字而注錄皆（或）闕（誤脫）畢君枕丘注
誤畢支枕北君不可解靜群辰上誤視出二字魂神下誤

視墨雅字此則諸氏疑諱所已闕者也

十三日 讀墨子修身篇而以起天下敦本務強之素讓荀子修身篇乎以作天下尊師重禮之心墨云思利尋焉忘名忽焉而以為士於天下者未嘗有也（墨子語尋字尋文包語初〔非誤〕忽皆墨學家字）荀云利少而義多為之（荀此語為聖祖庭訓所稱引）世之亂也士皆務利而不顧名義名義不能而識錄篡奪之禍滋蔓多矣儒墨兩家道雖有別而其樸學之旨則一也荀又云老老而壯者歸焉不窮窮而通者積焉行乎冥冥而施乎無報而賢不肖一焉此三行雖有大過天其不遂乎此君道與論語

三月以來大過皆用易義

十四日　擬為左氏學叢徵，分類同曰：經學叢徵（詩），曰史首叢徵，曰禮學叢徵，曰兵學叢徵，曰政學叢徵（中庸學叢徵），曰藝學叢徵，曰儒學叢徵，曰女學叢徵。匡經學術史書四類擬先為左氏詩學。

擬左氏詩學一條：孝子不匱，永錫爾類。

十五日　擬左氏詩學一條：風有采蘩、采蘋，雅有行葦、泂酌。

十六日　擬左氏詩學一條：殷受命咸宜，百祿是荷。

十七日

十八日　張季直有請學部代奏學堂宜消去省界及五十[illegible]

時笑以翠人進士之名目皆妄言也

十九日

二十日雨　衡翠招飲　子久[redacted]云算學講習所推衷首精會者二十餘人大率年長者便算而不便學幼者反之

二十一日　撰居區鎮學一條鄉人職被人

二十二日

二十三日　陰雨三日屋子清寥檢理架上書收拾一過今年寄言學堂無復雅趣開卷重溫不啻見久別之良友也

二十四日 晴大風 讀杜詩 過郭代公故宅云俯仰雜萬觀揮揮存歿 詠杜鵑云我見常再拜重是古帝魂 張舍人遺織成褥段云服飾定尊卑大哉萬古程今我一賤老裋褐更無營 冬狩行云草中狐兔盡何益天子不在咸陽宮 荊南兵馬使趙公大食刀歌云萬歲持之護天子得君亂絲與君理 魏將軍歌云萬歲千秋奉明主臨江節士安足數者大義凜然 石犀行云安得壯士提天綱再平水土犀奔茫 題壁畫馬歌云安得時危真致此與人同生亦同死 茅屋為秋風所破歌云安得廣廈千萬間大庇天下寒士俱歡顏 寄韓諫議云美人娟娟隔秋水濯

三賡玉書錫帖韻十一云：○○○○鑄甲作農器，一寸荒田牛得耕。王矣

馬使二首鷹云：○○○○呆紀字聞之存疆，出六合皇之騖分一段，黃雲川

云：○○○○表派福地裂辰三川，穀水漲。云：因紀中林士來，腕衆魚腹擘。

題陶菴五：○○○○騎瑪瑙。紀一青城云：○○○○書與我軍思待吃

年莫今居五年洗兵馬云：○○○○壯士挽天河，淨洗甲兵長不用。

遣興云：○○○○蠶耿姊三年同畏眠，以上錄作當日為得云云。為

結草所至為窮，而所期乃益之遠矣。

光福坂云：○○○○更似圖光中道路中今年[illegible]陽

[illegible]云：○○○○壯士挽天河，[illegible]

人不[illegible]究本根，大表則○○○○[illegible]

[illegible]道[illegible]

郎[illegible]久雨[illegible]王[illegible]不[illegible]云

[illegible]

二十五日　雨　老吟老遇戰

二十六日　冬至　拜壽生忌

昔[illegible]

二十七日 讀杜詩

二十八日

二十九日 学務處派南昌沈君兆禕來看景堂 沈字幼新即

撰新学書目提要者也其人長於辭章

十二月大建乙丑 十二日小寒 二十七日大寒

初一日己亥 泰兒以所業就正沈君，君微舉藉語生澀，非經史看甚深透，勉以留心當世之務，兼贈新學書目提要三冊

初二日 三兄自角斜場放學歸，又得新詩多篇 夜雨

初三日雨 二十七日邸鈔錄學務處奏議，有學生冠服一條

初四日 讀杜詩 溫說文自甲至亥

初五日 讀莊子內篇。內七篇自為首尾，以北冥南冥起，以南溟北溟結，鯤鵬之徙，自北而南，所謂下下之所以治也，億包

禮記孔子閒居
弛其文德協此
四國大王之德也
詩云明明天子令
聞不已三代之德
相配於大王亦
謂上古三帝王鄭
注為文王之祖
然知大戴禮
哀公問於孔子
昔禹身以度身子
之義子配以度配
君子則以之為

之運自南而北皆天下之所以亂也

初六日　讀墨子耕柱篇巫馬子謂子墨子曰舍今之人而譽先王是譽槁骨也畢校改為先王近人王闓運讀謂當命王當知也

莊子應帝王云有虞氏不及泰氏釋文司馬云上古帝王也

墨子之大王即莊子之泰氏也

初七日　評騭屬擬能群學堂唯算續辭華經

讀墨子經上篇圜規寫交也方矩見交也英文字母是

後構辯從此出羅馬以楷[redacted]以矩說為有條理說者[redacted]

實出於矩

周禮云圜出於方方出於矩[redacted]

刘龍字天下笑
右□□尚道也 先氏
玉函録右三本書

[redacted]墨家稱墨先為巨子自命鉅

[redacted]二十六字此皆鉅所以釋他墨者為子字四第三字絕佳

鉅形尤墨所擇墨經讀書丨 取莫如讀書

り矣

初八日 讀墨子尚同篇 尚同之義起於墨之紀人論經墨紀

為義也 孔墨相同之證

初九日

初十日

十一日 三賢書院十月初二日課出案 名所為卷列第二

院額已增，充學堂經費，從此課士之舉益絀。湖丁酉
書院創立雖今九年，無閒課制之執題者，多閲撰
者皆前者而從之，多見而識之，知之次也。余卷亦列第
二山長武君評之，墨守家法，余卷以前年之廿首說。曾幾何時而
武君院之兼他書院，而益浮濫，梁下之鶴猶動麼
謂院課見置無處者耶

十二日

十三日　二兄自鎮江歸

十四日　肩石過談　讀魏李超志銘　香墨之老陸隆蒲談公

華陽月〻陽謂皇道也為德驗督察依宰亹亹亹亹讀若

子言〻行者在乎亹亹之間〻亹亹謂極也家僕盧摩（旁注：本作；漢書作僕本作）

眉讀詩氏秋山之眉〻眉謂難手也

十五日 讀漢楊孟文頌五官掾趙邵（旁注：南鄭）屬褒中鼂漾（旁注：字季南）

產伯書佐西成王戒字文寶主者主簿主錯石〻經也季官

掾也屬也書佐也皆褒佐〻官稱也屬為官稱（旁注：見漢書……隸釋以補中二千石屬蘇……）

林注以翁元綱食其絕謂屬其官掾趙邵〻屬言屬為屬託紀也中

廿六日讀漢書薛宣傳日至休吏賊曹掾張扶獨不肯休宣

出教曰蓋禮貴和人道尚通日至吏以令休所由來久曹雖

有公職事家亦望私恩意掾宜從衆歸對妻子設酒肴請鄰里壹笑相樂斯亦可矣前為諸語講義於禮之用和為貴華章云道如文武而張弛互施所云如武公而戲謔不廢正與宣說暗合小大由之有所不行蓋知和兩句當連讀矣

十七日讀漢書何武師丹及儒林傳武為揚州刺史行部必先即學官見諸生試其誦論問以得失論語論經論語諸事王仲任所謂知古知今胡其云所謂經藝諸事皆具足之意也史稱武有宰相器武蜀郡人文翁之遺教遠矣

儒林传著录凡二百三十余人

倪氏藏弟思诚侄自江宁来

十八日 思侄返

十九日 江宁派步兵来东台缉五千人为我进张君用宾偕沈毅

明送

二十日 母亲寿辰 西石镌兰詠斋子勇孙师常来

二十一日 杨植之自江西来饷我惊斋所刊书二册曰射阳存象

故曰王制算法解 嫁岑系季官嗸陛起阁新16· 迁皆康仁贤

云

二十二日　丁禮老自江甯來　述白老從江甯返事

萼叢自蘇州祈範歸　詒紫泰中國興國一幅

二十三日　過萼叢　禮老　曾祖忌辰　錄老氏戰地今釋叢出

篇　白老話秦光姚姪補註老子本

二十四日　錄老氏戰地今釋臨六篇

二十五日　錄老氏戰地今釋畢

二十六日　林林老白老呈厲俊民倫瑞三兄同集精舍觴

讀招禮老飲老未至　華晚歸閒論游芸經外為歸而

前娛日之樂良快人意　因作主者非所而老也

二十七日 崇思來談鎮江中學會講授大略

二十八日雨

二十九日雨雪 心畬病風濕 往視溆齋為診 用桂重話

二便診 讀荀子

三十日晴 編左氏引詩目錄凡三百卌餘條 其一詩兩

引者二十餘條 杜注言逸詩者十條

兩老過我 心畬服溆齋方已愈八九 甚善甚善

臨禪靜寺銘

吏部奏調人員 齊樹楷 吳敬脩 徐仁鏡 恭豪穀 王儀通

罷振玉吳燕紹曾搢楊宗稷張煌陳垣李年李隆馬瀚
年張緒光王季烈徐致喜彭祖齡曹廣權戴展誠
林榮鄧代鈞崇恩柯興曾陶葆廉顧棟臣彭治宗楊
熊祥陳三立王彥直李景濂雙泰楷庚陳請震范
源濂陳寶泉劉寶和劉采瑞緒林源除張元濟以
上凡四十人

光緒三十二年丙午

遐秊硯簃日記

光緒三十二年

正月小建庚寅 十二日立春 二十六日雨水

初一日己巳天氣穌霽 讀荀卿勸學篇其大義在隆禮法先王故曰禮者法之大分羣類之綱紀也故曰学至乎禮而止矣故曰不能隆禮不免為陋儒故曰不聞先王之遺言不知学問之大故曰將原先王本仁義則禮正其經緯蹊徑也其為学之法有三曰積曰一曰粹積土成山風雨興焉積水成淵蛟龍生焉積善成德而神明自得聖心備焉不積跬步無以至千里不積小流無以成江海皆以言積也無冥冥之志者無赫赫

之動則衢道者不至事兩君者不容目不兩視而明耳不兩聽而聰皆

以言一也始乎為士終乎為聖人入乎耳箸乎心布乎四體形

乎動靜禮之敬文也樂之中和也詩書之博也春秋之微也誦

數以貫之思索以通之為其人以處之除其害者以持養之

皆以言辨也

初二日　紫瀾同壽蓉以莊詠齋過我

讀荀子非十二子仲尼兩篇其尊孔子至矣非十二子篇首有

假今之世四字蓋別以下所批者皆假設之辭為各家防其

流弊耳非必挾私以擊引繩批根也仲尼篇推崇仲

尼僅門人蓋稱其數一事善聖人之大全所未道 自三淑氏
代周下手遂無復可法矣荀卿此篇殊為諫蕭李諸
賢言之劉向序云語惟孟子荀卿為能尊仲尼而棄此
篇也無厚進之術揚雄一段頗見怯張蘭陵深歷叢
家揚非此書不為無功宗師之學羅起列衍亦墨家也
說秦楚滕兵印紀攻而是要之旨 漢志載其書于小說家
初三日 讀朱子小學在明篇引士冠禮兄弟具在以成厥德兄弟
謂主人親戚也 注本鄭 朋友篇引孟子不挾兄弟而友兄弟亦謂
親戚高誘篡奪注皆失之此講宋學所以必先明漢學也

初四日 姑母[redacted]忌辰 崇姬疾病甚劇

初五日 晤俊民 俊於醫學近益精進 朱子訓子語有云少說閑話勿觀雜書 吾輩讀書會又時多蹈此兩病也

初六日 讀荀子王制富國彊國天論正論等篇 富國云兼足天下之道在明分 彊國云人之命在天國之命在禮 禮義自存之富彊者所未及 天論平慎老墨宋諸子 正論駁世俗之為說 而壹歸本王制（天論末引書遵王之道遵王之路 正論駁宋子見侮不辱云天下之大隆是非之封畍名象之所起王制是也） 王制即禮也 故天論正論後次以禮論 荀書之王制

小戴記不同也此謂文帝博士之王制小戴記之書謂敘
嚴云王也者書制者也蓋書者王者起舊制新制也有損
益荀戴所以命篇者述前王之制為後王法漢博士之王
制則書刺取六經中之謝名封禪者為一代大興鄭
目錄云名王制者以其記先王班爵授祿祭祀養老之法度
鄭此說訓斷極精
初七日雨　詠之招飲坐有名白君亭小麓山陽徐君諸子
林先生詩近為小崑山樓段注顧訂印當顧邑冥讀叢
尤足珍也　宗白君亭小麓說黃小麓則從篋中索此本見之

不及偹讀　遯盦來札云今暑應鎮江中學校之聘

初八日雪　讀荀子三十二篇畢　全書大義曰禮而已矣　勸學揭隆禮之凡　脩身不苟榮辱演由禮之趣　非相非十二子天論正論解蔽正名排除百家言禮法之一篇　仲尼儒效宥坐子道法行哀公堯問闡明歸向尼山任禮家之宗子　王制禮之大綱也　王霸禮之階級也　富國強國君道臣道致士議兵禮之作用也　禮論樂論禮之本論也　大略禮之諸言也　性惡君子明禮教所由生　成相賦長言永歎以明君禮之關係人國君臣而不可以一日廢也

初九日　讀孟子一過。孟子受業子思，願學孔子，而其宗派實
自曾子出。七篇中引曾子之言、述曾子之事極多，如公
孫丑篇曾子謂子襄大勇守約，富貴仁義；滕文公篇生事葬祭以禮，
不肯以所事孔子者事有若，脅肩諂笑；離婁篇曾養晳之居
武城；盡心篇不食羊棗之類，皆是也。而我以孟仁稱以孟
義之說，尤為孟子一生得力所在，至人以燒斯說守先待
之家法，發前世之未發，蓋多紀曾子之言也。孟篇首
仁義而已，以是夫。傳子稱孟子字子輿，或云以儀為人所
以為字子如蘭陵稱仰司馬古泰蘭之比與

初十日　東臺學會第三次講學考述孔曾思孟墨荀
一壁子嬰修身大義
十一日　聲文招集學者百人蘭樓一會
十二日　東臺徵兵啟行啟微相勉為次日荀仲議兵要在附
民民與兵一。云首道善驗。今之特徵。抄符蘭陵。於飭東土。
雲奏川督正月令四府啟旌節。啟歡啟相。以順軍行。
請啟相歌徵兵。三年續備三年畢。上以報吾天子下以史
吾鄉。請啟相。歌陶洋。吳越閩廣海綫長。惟我士芳都。
邑邑皆會湯。請啟相。歌兩江。兩江莫府在建康。龍蟠虎

据下形势莫敌，当语戏相歌，准扬之战，武烈为之启
广陵一封书也，可熟江郡注，诗戏相歌，是邦是邦右
论风浃，象豪杰挥起，泳5旭日争辉，光诗戏相歌，是兵
图揽数名如墙墉，昔志先哲有言曰，南方之强，戏相毕
泰洋溢，此则进推东亚，中国前途大清之前途也
必奇力。

十三日　蕲粤招集，念白听余宋育仁经术之理学

十四日　旅学会第四次集议，伯严今年有镇江之行，以
举王君秉璋经理其事，以括印稿存东江之所

十五日　讀大戴禮曾子十篇。制言中篇云：是故君子思仁義，晝則忘食，夜則忘寐，日旦就業，夕而自省，以沒其身，亦可謂守業矣。然則曾子省身之要，不外仁義，為謀之資，皆仁以待人之子也。主任智者，義以論諸賤之事也，賤以承仁，義以書義，推此得一貫。據疾病篇云：吾無夫顏氏之言，吾何以語汝哉。曾子之學，蓋聞於顏子。近代鄭之盾，能繼之者，顏曾思孟之淵源，正復相承矣。好學盛而不衰，好教孰食侯子尤可想見顏門宗派。

摹秦記跋西溪詩三賢祠並贈禮畫孝子像未完忌

有穆語一段云歐陽漢孝子禮 ● 宋無此文
廿六日 謝落山西銘書謙陽繆氏光緒壬辰刊本極佳仲甚
餉余一本 讀大戴禮本命易本命二篇此兩篇雅与莊
子天圓篇相似天圓說秉(?)和而後有生鑄生倮其說之生此兩
篇所言陰陽及他人物類數天圓唯人為倮匈而後生也
雅匈字之誤此文當以唯人為倮四字為讀匈而後生又為讀
上文言而後生和而後生有而後生鑄而後生不譯說文包妊也
象人之褱妊倮匈未發正叶末之說矣蓋人之妊子包而後
生諸之褱妊而後生也景寔以倮匈連文既失其讀且違其

譔　月食

十七日風雪　訥齋伯講昌過我　吳閬山先生遊

讀大戴禮衛將軍文子篇夙興夜寐諷誦崇禮行不貳過

稱言不苟是顏淵之行也孔子說之以詩云媚茲一人應侯慎

德永言孝思孝思惟則人知顏子之好學不知顏子之孝

之德之順也四科首選此寔一徵篇中字法古奧如稱大

人之儀錄乎如新之銀審茂之茂偉為知人之偉閎知之

閎其通假皆有精理注家未能甚悉以為誤字

列見也

十八日　登雪衢峯東樓觀雪，雪齋囑詩題衢，云：快雪時新霽，放懷無邊庭。萬塵春皓皓，一累海冥冥。曾史未清歌，巴人空聽裝。君家好山色，借我上峯青。

十九日　讀大戴禮三十九篇畢。曾子除立事、本孝、立孝、大孝、事父母、制言上中下、疾病、天圓十篇外，王言亦曾子書也。本命、易本命與天圓相附，亦曾子書也。漢書藝文志儒家有曾子十八篇，此上已得十二篇，特少其篇耳。蓋以小戴記曾子問諸篇當予復得以補曾子之舊。儒傳一篇，儒之為身，禮傳之為源，以義師尊之

夷訓常，以經有智有德者之號也。衛將軍文子篇夫子

之號夷也。號之以其義，云觀諸經籍之以文德者，孔子經篇

智有德者之號也。沐浴　向尹文雪

十九日　讀小戴記四十九篇。鄭目錄孔疏有云：孔子沒，七十二子之徒

共撰所聞，以為此記。或錄舊禮之義，或錄變禮所由，或兼

記體履，或雜序得失。孔云此四例最為完備。月令、深衣

之類，錄舊禮也；檀弓、曾子問之類，錄變禮也；曲禮、禮運之類，兼

記體履也；坊記、表記之類，雜序得失也。鄭目以辨禮之雜

類，孔例以究記之體裁，讀此書者所宜究心也。表記仁者

人也鄭注讀語以人偶也並引哀十六年公羊傳為證孔疏四引
之為證人是人偶相存問之義疏文甚達讀論語論仁語當取
中庸人偶之註而不及此註鄭義精難通曉文恭言過
情不徑儉為害以失之者不亦鮮乎論語以約失之者鮮
矣不採此以定之讀恭情儉即所謂約也
二十日看宗芸子經術公理學凡四篇曰明德曰風律曰正
辭曰知新明德篇附辟雍訂學校議專言首田學校
宗旨先推課四民之業而後以備百官之材備百官之材
者仍歸重在課四民之業正辭篇云志學以來謂三代之

論道而發未濟者久矣極論通經致用三代可復世以為迂闊甚
推情包觀推外域度識推時論列今世讀者目為迂闊不能
明推說世者驗域乃列之十九篇法鈔自信年生之舊者所
見為不誣因緣時變而思以所學周于世務經術以經時引
西政以為證紀賭沒素書以合秦文而紀忠學阿世
指素秋為劉歆制作之比例也又云此經知變而治為之為新知
不知漢之舊學之為新又云一孽林田至不之近道夫子者書
之學開而款之余屢論之言而絕不自勝也之列子所責之
謂因之哭孔謂因之權也之言者據世之業謂經術

及亭林語士與亭有同心之學，前日為學會請君談修身之義，亦引顧語而申之曰：匹夫與有責焉者，如語人人修其身以平天下事也，亦語人人修其身，國之興也，不敢居功；國之亡也，或可告無罪云爾。

二十一日 姑母周忌。過仲安，念伯蘅窮寐便。

二十二日 雨 看丁晏周易述傳，其書專誦程傳，多切近有用之言。

二十三日 看丁晏尚書餘論，中有杜預左傳注阿附王肅說一篇，大發覆，祇從義疏家出入之云云也。說義杜預說見王肅甚稱，祇遺其文下

潤石詩爲鄉先生石詩乃世祖●辰淮安，遂家焉故也

五十四日　嘉其以丁酉桓氏壽文屬題，擬桓氏獻于東晉。丁酉爲安帝

隆安之年，所謂憂陽興甲時也。至殷外構，孫盧內侵，佛步跡

則遂代興，千年君子嗟文章世業不傳，爲桓宗發深喟矣

袁家之絕宿草裏迷悵，而人五重家法已微，塵李光壽

蔵軍也轉同師，先經郭景純禄書易理夢以暨廬祖始燬

實作强除編年，變續陰翁紀，永嘉以入永初，居又標吾家

新興太守以孤城非秦，析職千計，率以襄陽不守而請而死

當時形跡罕有知者，經兩師年驗無屬哭于先生轉於年

許袁生於隨以石子居催植有爲便題一絶云和葉鵝六
一雞桀當年肥加細亭功孤嫁慶卽奉御知長子福論
御種沖

二十五日雨雪　心母病後劇同椿一往視

二十六日雨　今日爲雨水節猶記壬寅正月十二日亦雨水節雨其日雨
蒼齋中李說㮚集南園而蒼居有詩云獨乞高如弟濕踏梅
歎咲人空覺當活春鄉夢入春新舒尖仍征戍無家
嬲隱論天涯相繼於耕以太平民條包四年而蒼居只無
酒息齋中李說執事系以華南園主人印以是年秋化去

與念及此，為之惆悵　讀江慎修四聲切韻表　此本為若編之
年潯陽李氏刻　校定段跋此為原本以[redacted]於粹李興義時據粵雅堂本
二十七日雨　讀孫子
二十八日雨　心舟前日載船眠夕賡蘇詞幾之擬詩筆嗟流之
劇
二十九日雨　伯屏過我偕往郡　讀孫子

二月大建辛卯 十二日驚蟄 二十七日春分

初一日晴 讀孫子平津館刻吉天保集十家注本極明備然繁蕪不便省讀擬存唐以前舊注而為之疏唐以後諸說亦[illegible]舊注相宜者皆入之疏中杜佑通典兵篇所引（百四十八至百六十二）和采孫子文並列諸注後（象說邵王遺舊說者悉家天保所棄衆者）無文上下文意徵事類標（孫自序云）正相協者未書既相類者墨之書今刻通典雖不優而雜然大要皆（異說）疏之取材也平津館刻前有畢以珣孫子敘錄一卷語史記惟言以兵法見闔閭（不言十三）篇作非何時據史記（吳世家）王僚十二年專諸弒僚闔閭（代立）

闔閭元年舉伍子胥為行人与謀國事三年謀欲入郢將軍孫武曰

民勞未可九年闔閭謂伍子胥孫武曰始子之言郢未可入今果如何 [redacted]

[redacted] 十三篇當作於闔閭三年以前蓋三年已 史以

著 [redacted] 為將軍也九地篇云投之無所往諸劌之勇也杜牧曰專諸

曹劌 牧注多本至祖杜佑說 對闔閭不稱專諸而至試條以後十三篇之作

雖即在闔閭元年与子胥謀國事之時至時猶疑而自擇往闔

閭聽其廣用客卿故也將軍之設當与子胥為行人相先

史稱三年孫書將軍孫武至下文四年書孫武始稱吳將闔閭之

國武不始於三年之謀郢矣武於曾將畢後劌者諸侯

勇士（右行勇 逵注）劉列齊人所震懾者也武以齊人于呉王夫

先諸而後劉云又張揖示為周文帝造佛象碑（石）云作字（行從正見）

報父兄之仇孫武令軍言之一人能死百人不當萬人能死橫行

天下遂能滅張林臣於壤城之側破越軍於會稽之野據此則

子胥報仇之舉武實贊成之史記吳世家吳王僚五年子胥請吳說

吳王以伐楚之利公子光曰胥能自報其仇耳未見其利子胥知光

有他志退耕於野以待之諸之子縱則諸未弒僚者因不敢復之

報仇也碑云位貢報仇孫武言之甚闔閭弒僚子畢以薦者

諸功於信用子胥孫武桀闔者之言報仇之志於吳也一人云也

而是得免於王之誅令軍職武初見闔閭時所受官名史記
武本傳曰當令持戟曰令之曰三令五申之曰申令不熟將之罪也詣
今字可證而十三篇命能於闔閭初見益明
初二日 心舟病復發往視之舌短不復言語見予頷首者再復
稽首以示痛不可為也唏已
初三日雨
初四日雨 同楚蘭往視心舟病不言心舟已於戌刻逝矣古人云
志士多苦心又曰志士惜日短心舟此三年中進德赴義
孜孜不及並自奮其素白之有限而遂忘其心之危

昔也二十八日往視時君語予曰吾有零碎煩君護之嗟

乎遺篇賸簡固當寶惜然生平未卷之業要不僅

在文字安得同心之人一一踵續而完繳之以慰我九泉之亡

友也噫

初五日 心母遺著以余所知者有讀孟子莊子札記讀漢書

札記兩股演代通典邊防錄泰西地名人名異譯錄解經

雜文若干種擬為撰刊

初六日 擬撓心母歿之所與游者大息痛哭失聲君

信繳矣使來言以茶季屋為藏書處擬寫

初七日

初八日　霖老將往金陵回孫師館推精舍

初九日　陶老命兒子震來受業

初十日　東吳立和塾孫良翁

十一日大風揚沙

十二日　整理曾文正全集中經史雜鈔十八家詩鈔兩種

十三日　郎君樹保過我

十四日　排帝上明湘西張鵬語算術三種曰中西算學啟蒙曰代數闡微衍草曰天元代數句股草　光緒壬辰

江宁刻本殆近人也　诵斋过我

十五日　看张眠诸算学启蒙

十六日　吕生年十五天质高敏　为讲左传　领受极易

十七日　为算术传习所诸生拟挽贞石联云　君学算君算君

书算君摇谈算君和缠是算君私塾设良算百

务侨扶轮生会历知其涯樵和静禅梯难此志为

至系作呈辰搭驻日加作日减作日乘除作日谣曾苦

作白卫方比例作三角头废寝先作热肠僭

振知台挪子林蜀弹重寻讲地不堪风雨胜凄凄

十八日 吳郡君柏深諮鎮江学會事 作札致賓菴勉以耐
苦努力 即送張君用賓託其轉給
十九日 張君過我談及安石而曹未息無再並錄肆談生梳
脫稿矣 張君年才二十二業通川滇厚 敦詩說禮之選
也 中國軍界盡如此等人何患不振
二十日 張師望繹兵試辰謁 燈後信名 淡涵昨志厚重少
文妙之清君生平
二十一日 東大徵求蘇州縣學會屬為祝詞云 丙午中
和 東大第三次徵兵上都知学會因志以識前為題記 仍

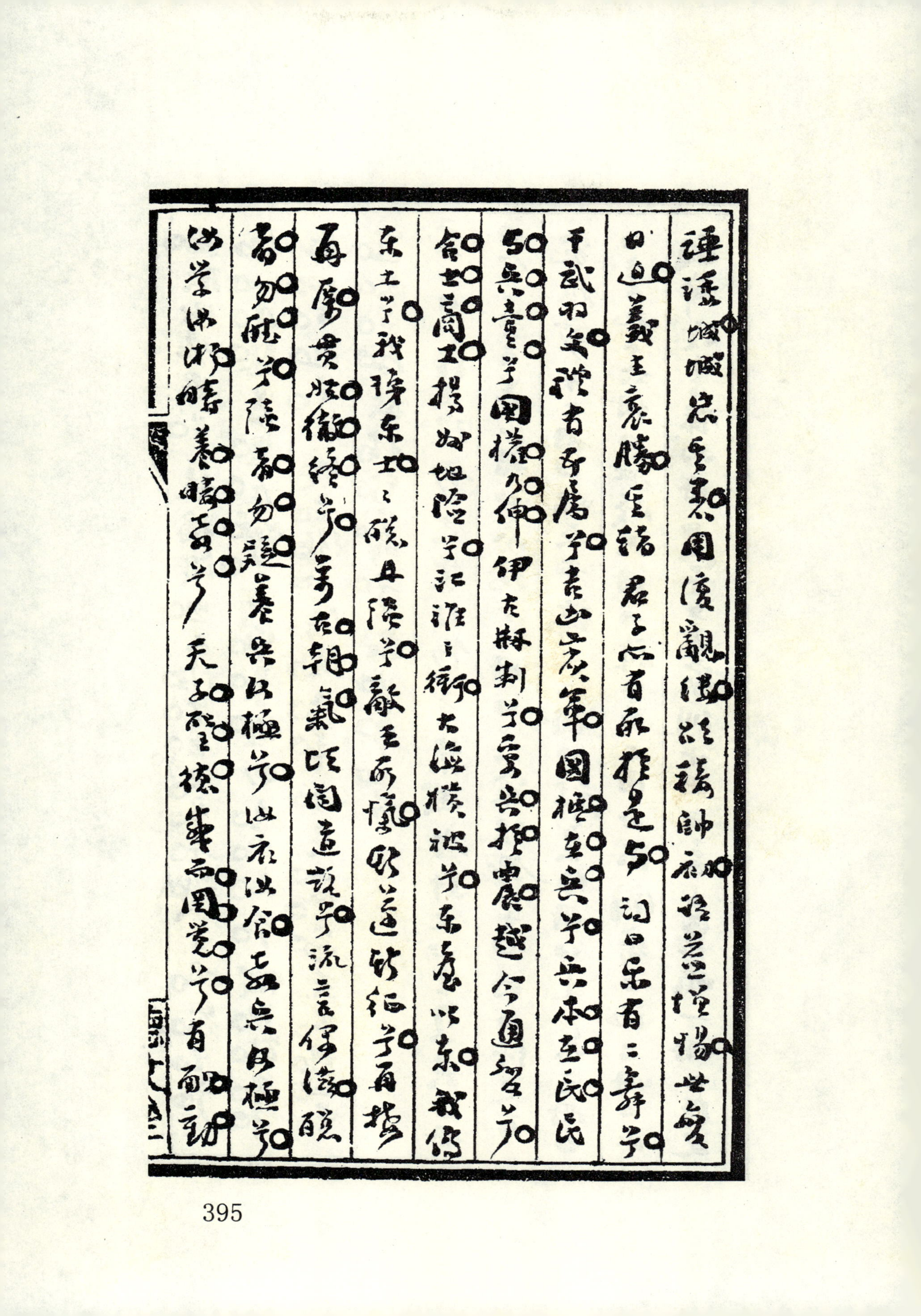

[illegible]

物○所以然與其競稱鐵也○人惟有○者○立○乃○知○鐵日吸○衆星之○
如此○然○屬○勢○為○恩○為○威○皆不成○豪傑○助○爲國○志○者○識○能○群○
部○四○而○起○者○此○更○微○知○漢○以○勇○者○夫○山○石○象天下○興之○者○
而○知○去○爲○叔○者○紉○義○者○戒○者○即○貴○
二十二日 經史雜鈔六家詩鈔意繁微合計文正全集共百冊
曰全集首卷一冊曰奏稿十八冊曰十八家詩鈔十四冊曰經史百
家雜鈔十二冊曰鳴原堂論文二冊曰詩集●冊曰文集三冊●
曰書札十六冊曰批牘六冊曰雜著二冊曰求闕齋日記二冊曰求
闕齋讀書錄四冊曰家書家訓十冊曰孟子要略一冊曰經史

百家簡編二冊 日大事記二冊 日年譜四冊

二十三日 讀李白七古

二十四日 讀杜甫五律七古 盆蘭放花

二十五日 浙江會館大

二十六日 讀李白五古

二十七日 讀李白五古

二十八日 讀杜甫五古

二十九日 種蓮 夜有微雨

三十日 校錄通典兵篇引孫子文及注文畢

三月大建壬辰 十三日清明 二十八日穀雨

初一日戊辰 培英初等小學開學 松往觀禮

初二日 讀尸子

初三日 心蘭過我共論近業見錢[illegible]所為荀卿賦注發意之

據玄為我訂正

初四日 心蘭語我當立自治課程表某時讀書某時摘錄某

時課徒某時治事

初五日 摘左傳兵事用旗表 諸生問瑛因為說之 凡三十九條此亦

左氏兵學之一也

初六日

初七日　左氏旗考續得七條擬逐條說之

初八日　說旗

初九日　說旗

初十日　大伯父生忌

十一日

十二日

十三日　三鯉廟遊

十四日

十五日雨

十六日　寄一樵託印彭雲亭所存　詞齋託錢葦山房藏六面印附去

十七日

十八日

十九日

二十日　擬爲左傳人名取類表

二十一日　說碩四十六了畢

二十二日　錄左氏人名約得百人

二十三日　爲人名表

二十四日

二十五日

二十六日

二十七日雨

二十八日　牡丹紫叢放花　穀雨

二十九日　子湘過我

三十日　湘齋過我

四月小建癸巳　十二日立夏　二十八日小滿

初一日戊戌　牡丹數叢放花　蘅皋前年為之層樓於屋東偏樓北綴亭觴客至下屬為題詠久之未報近閱宋人詩得魯直東王履文及敘蜀詠陶通明為印以贈之云酴醿蓋繞滿被我但酡松風肖似但

初二日　甫臣重修家祠落成約余往觀大雨中輟

初三日　甫臣新設一卷堂圖書儀器所顏曰亘新為撰聯之云

宜從日禮儀從日使新求惟器舊求惟人

初四日　學部奏裁學政設提學使

廿五日 訪齋拓同薌亭往觀師任家祠，其堂宇視舊宇闊至
攜外種松柏，今甚他自成林，尤擅幽勝

初六日 鎮江保孤塾擬改為孤兒初等小學，議曰吾郡保孤塾。創
始同治甲戌。於今三十三年矣。扶幼完節。甚盛舉也。吾曾集同
同鄉諸義士。如吾地附屬於京江公所。吾宗翁辦理大要以粗諳文
字令孤兒及家附讀自習貨殖為糧。賴自駿發氣運地以事。鄉
東莞舊俗。業擬名為吾。業有所屬。而熟之。課兒而農。紀林下。四。紀
矣。諸。也。吾立義圓。如。彼。而。止。亦須家諸飾于下。通大學堂。設私
在校。[redacted]滿錢教。家。一轉手日新。程之遷錢之代摩序之盛。而

爾等小學尤為全國兒童根柢，朝廷注意，益加勸勉，曾、胡之大義責

在隨時，春秋予覺，理至誠度，襲暴畢十，熟驗異百，繕優因詮

國法而思，誠信好先，知識隱下，物理莫味，歷格偉大之業，孫文之參

強身，要雅企及，修之求之，向所渴藏，身心高尚，御正禮，流水身學

活潑力而有勇，不可識之，各以無用畏，隨而鼓揚，味與熟，師王君

議，整中合宿出入各節目，一切舉動，亦俱接受，教程條編學列

印送光緒甲辰年六月宣和等小學章程，而等畢業，擇優者送各

高等小學及中學之前實業●學堂，至有不願，精進函請，生詞者

仍准入高等小學，代總學業，如法列學，不准耗無，皆有藏上卷

[illegible] 五二

天子藉嘗之盛德下酬先聖賜事之苦心垂諸博學明義之君子而
有取乎此也　另擬手摺八條別錄
初七日雨
初八日　藕舲招看李仙蘭　若夢家藏書
初九日
初十日　題儀徵諸君青來寒燈課讀軒守華圓云經首恭依之韻
十年書舉蕭藏鐵鄭賢人間續孟德多子此日更當聞說孝
經鄰當年守彭郭孫鉤誰與那見饑莽心只有多情黃仲則
未難親為差聽吟蔣江亭歸學古真強聽哉紳學儒經綸

風波如此且休說，合啓門闌傳語人不徹，文字不徹，說別有長竊
錫類思敵據君家，宗庸例纖書指要劍濟知

十一日雨

十二日雨　牡丹雲蒸葉頭於枝而花類能窗外不勝同氣之盛者

十三日雨　過張君模合收昭冷君去年寄彥詩韻二冊尚纖疏

之今年去郡校諸生雅懷也

十四日晴　汪實甫研究社議三年[redacted]視學林分志趣而分授以西民

之業蠶而未通孝經解字體甲辰定章初等小學經科正以孝

經孝首定國文科列注重解字此兩科居八科之前與注說

隐

[redacted]合令先賢孤兒[redacted]孝經人各一部其字科前年已購

字詳圖說印以存本今日講授所來程度稍進擬再購說文

部首與學孫之原版原卷學與地之圖說韵言善本排今日

購經人各一分記表讀經理

十五日　過各獻私塾其余程并之教授者惟學僮生氣勃興可

喜可知

十六日

十七日　讀孝經

十八日　錄孝經鄭注　太平御覽四十二引鄭氏孝經敘云僕避難於南城之

山樓遺稿石之下合著先人餘照述夫子之志而注孝經按丁晏鄭
君年譜中平六年六十三歲引本傳袁隗表為侍中以父喪不行又引戒
子書曰但念述先聖之元意思整百家之不齊亦庶幾以竭吾才故聞
命罔從初平元年六十四歲引本傳黃巾寇青部乃避地徐州徐州牧
陶謙接以師友之禮年下即引御覽此條蓋是徐地近避難南城山序
孝經亦論避地徐州是年康成作在孝經中故曰念著先人也孝經首
章大雅曰無念爾祖聿脩厥德鄭注云大雅者詩之篇名雅者正也方始甚年以
西為昭之無念無忘也為孝之道無敢忘爾先祖孝經末章春秋
祭祀以時思之鄭注念之若生不忘親也即注經體序文無以孝

經注為康成厄於遁難時作，而以所宗親親，以不宗親親，尤可見康

成孝思不墨矣。不害周迴千年起家（陸贄又云在室周迴千文，說云日也，康成注孝經處）良者

以也。鄭猶猶擇困不待辨，屬屬而回亦未得其真際也，得略擬為

孝經鄭氏注疏

十九日　錄孝經鄭注

二十日　錄孝經鄭注

二十一日

二十二日　讀水經注，酈氏所以無水下，參合通注之水甚多，序業亦為目錄

二十三日　冬年南覽四十二等山，引詩之通，劉時曰集據也，三十七年，湘鄉請遷指

此山北理山壁上一處高七尺李詩刻篆壁上文云維皇之聖德平寧山河

巡行茶陵州勒名在壁上 又二十九山島山引山島島山徂四昔有椿力格身

三十月生子再篆佐入萬島學道通神明為其立祠歸附其祠又有三家

山洞裁東巡過此山見三茅仙女遂以為名又一石室有自然經書飲食

室前石柱以承露盤有石晴滴下合之一合與天地相畢申頂南

下二百步山有兵廟起為神像有玉人高五寸玉色光潤相傳日明

公山人夜失之經月乃見

二十四日雨

二十五日 過蘄泉觀龍顏磨拓

二十六日 为吉生讲左氏桓公篇毕

二十七日 看日本小学制 又小学各科教授法

二十八日雨 写信见我右丈[redacted]旌孝姬许可 曾文正福郡

谢宰累欧阳碉宗以诗抵屡成省以为什锦就碉宗要挟

连霞者不得由最受嘲至讼神因形憔悴已而窘极得逼剧

文互斗大欢以为解此者下下之恶賽也此等景况十

年前谣谶梁语谁就正宗危时能达返之知来人子遗

后开窍久矣要馬之言言不觉提酧屡写情也

二十九日大伯父三周忌

閏四月大 十五日芒種

初一日丁卯 昨夜夢得一鐵匣啟之中藏古書數十百冊書積徑當二尺許直徑一尺許其字細者如米大者如龍眼率皆古經解及逸史之類約略繙讀然能審其顛末心神愉快殊不可言喻之遽以而寤猶覺餘味醰醰也 讀禮記內則此篇亦曾手書曾子齊学叔終灑手灑皆用齊語不稱孝子之養老一節此引曾子爲可據也

初二日 讀禮記玉藻 讀梅伯言文 戒煙草 蘇州名鷙即

又名獸龍 此間人名爲公若之麻 柏君茉葩葉莫非李友

時開花先生從白雲叢中處翩翩有縣汁香村難覓今特
移出所前庭桑下移根種之
初五日　鄉人寓東以種從為業者凡去十人去年仙舟議立私塾改
良會來函今與函多論及決計行之
初四日雨　從出所開私塾設良會創會簽名認可者近三十人出
舉總理及辭事各員會所即附屬於出所發函致鄉會
云○○閣下○久違顏色○莫慰懷思○頃惟道福康豫○潭祉加茂○務徵
鄉邑先采○崇梓園之羽儀○前修勸學○堅推斲輪○於漢萍齊物○多新宗
祥○○引領下風○企歎以似○於閱報帝○藉審吾鄉實興舊歎乃

鴻議主持。寔茲籌充私塾改良之用。杜陵廣廈。覆契為如崇䝲

秀才。豈樂與共。洞明理欲。造福儒林。欽儲德意。粵書嘉美。穀

梁宏播。頌互正名。查猶博辨。不以本末之奇異主業。現手插賢士後我邦

校。知日外求。至善一也。以休說經。粮明墨校。康頗者闊。半屬鄉塾。古

學術至。全力肯窮。私塾蒙之。教育根據。至善之也。粵歷之後。検書

四起。嶧周甲子。儼然舊儒之風。得此律源。藉蘇枯槁。遠覆於勝。聯倚

樸經。之國蘭蝕。猶堪講學。至善之也。至學大要。得鄉為類。儒道

地而改良。作育形之師範。之教科列語。以新書。學業列同論。存

校。布在一方。累神明。府守至之。升之同徒。語遺者曰。儒士至善也。

凡我同志。各不頌禱。江北官僚。來處宜后多遠。志年名暨正讀
路即。例禍提倡。並推月日閱[redacted]會。寀乃辈门。入會答名者
凡若干人。會所即湖屬推爲江蘇所。會事則暫由沈君毅儀屆及
東南新學。鄭夏從事宣統者宣講。再爲修改。會雖開辦及常
年有暑。遇歸正藉。遠界雖嘆。敬請印推舉興頌下量樁并
預以資盛立而維永久。同學幸甚。

初五日　無雨。在撰弘藝仁兩事

初六日　讀禮記大學篇。獲讀江西書改異。引玉海天聖七年（仁宗）。獨新進士
王拱辰等御書大學篇人各一軸。自後新及第者並賜中庸

大學篇或儒行篇此為帝學　又乾道三年孝宗詔擇禮記諸篇日啟
沃切當者如王制學記中庸大學之類先次進讀　先是中書舍
人梁克家言禮記出于漢儒紀今經世非如元祐范祖禹所請據宋史卷
注之　據此則表章大學自仁宗始　溫公作大學廣義見朱氏經義考
至嘉定時鄭君日錄云大學者記博學可以為政宗室君臣
殿之圖說顧推此篇別加標錄嚴陵錢子經說出自之語之
聞朱子之年以篇推尊道以後而以范梁諸請明列經筵凡
為臣下理室者雖說者以經宗儒以釋學之故因緣推重
此經蓋亦未深究乎此一朝之學術也

初七日 大學疑爲世碩撰 論衡稱周人世碩以爲人性有善有惡舉人之善性養而致之則善長 惡性養而致之則惡長 作養書一篇 大學宗旨在止於至善 在致知 惟人性有善有惡 故曰止於至善 故曰明明德 明德即善性 明明德即養善性 所謂致知 鄭注云知於善深則來善物 於惡深則來惡物 與養善則善長 養惡則惡長同 論衡又稱宓子賤漆雕開公孫尼子之徒論情性與世子相出入 宓子漆雕子之書今不可見 緇衣樂記皆公孫尼子作 緇衣一篇專言好惡 樂記又云 人生而靜 天之性 感物而動 性之欲 物至知知 然後好惡形焉 與大學物格知至 好惡自慊諸說全合

契合顏氏家訓語。誠於中形於外，為君子慎獨之言，大學在誠意之云

亦曾引此言，尤相出入之此證。章杜繫辭前序篇總述

春秋先師之言，是稱曾子聖人之德美矣，美於此。大學稱修身

之所以齊家之言，法言修令之言，藏於喻人，於法圖之言教類

是德好惡而違之，以好惡拂人之性，災必逮夫身，正為曾子語春

秋之大義也。然頗為曾子弟子　鄭據史記曾子列傳故　都此篇中

特引曾子之言而莫善於此，亦本曾子所受於夫子以為論指

者也

初八日　讀大戴禮曾子十篇

初九日 讀小戴禮祭義篇 與曾子大孝篇同者屢多 此篇亦

曾子書也 汝霖以吾山家譜作修撰一種見餽

初十日 過汝霖齋觀杜鵑花 文王世子篇與曾子立孝多同亦曾

子所錄也

十一日 讀莊子

十二日雨 讀墨子 孟子云墨子摩頂放踵利天下為之 摩[redacted]此也 放依

也 頂踵之在身視毛為切近矣 墨子道甚善 與楊子反 雖頂

踵之比為百利推天下亦所不惜也 趙注摩突也 放至也 似

非墨子意 孟子見推本書者有翟鑿之辯 耕柱子 耕柱 巫馬子 [redacted]

從徒瞿　錢子石硯　子蓉三徒　魯陽文子　[illegible]　高硯子　[illegible]子　鄭[illegible]鑿　潛　[illegible]

孟子　[illegible]義　[illegible]子　駿骨鑿　[illegible]　[illegible]　顧廣子　[illegible]高退　[illegible]植子　以上皆　耕植　[illegible]

列　右三皆　[illegible]　[illegible]　[illegible]恭子　項子牛　以上皆[illegible]　魯同　[illegible]　[illegible]穆生　曹[illegible]子　孟山　[illegible]

衛　高孫子　以上皆魯人　鄭潛鑿　備城門　[illegible]子

偶拾[illegible]玉德　右會人[illegible]　曾參字子輿　[illegible]字[illegible]　[illegible]字子之　[illegible]雕

啟字子[illegible]　[illegible]字子　樊遲字子遲　顏[illegible]字子[illegible]　[illegible]引　闕中[illegible]

石記西水碑陰　余往年所得孔子弟子姓名刻石一本　驗之[illegible]

印是物矣　[illegible]年之[illegible]　一[illegible]石刻大[illegible]大樂　[illegible]記之　[illegible]廟

印[illegible]　[illegible]八年[illegible]　[illegible]文[illegible]書[illegible]　[illegible]白水碑

韓非八說顯學五蠹

陰旁乃白水老農頌廟碑陰也

十三日雨 讀呂氏春秋 書中屢以孔墨並稱 凡當染、下賢、順說、不侵、

貴因、不二、高義、博志、有度、務大、諸篇皆是

十四日 讀呂氏春秋 以本生重己起 以上農任地辯土審時終 蓋全書

宗旨略趨重於今世所謂衛生實業兩家也

十五日 讀論衡 書中孔墨並言者如累害、程材、別通、遭虎、是

應、齊世、定賢、案書、對作、自紀、等篇皆是也

孫師指盤精舍語三賢撰數轉錄與學當屬難之

雷雨 夢麟來一札

十六日 官立高等小學堂文[redacted]

黎明時招熄誦燈飯老自修二毫三處

十七日 讀尸子勸學正名篇題宋肯與荀卿同書類異家説

也

十八日 讀白虎通

十九日 讀白虎通

二十日

二十一日 發一函與伯齊

二十二日 校呂生左氏莽之管仲畢

二十三日雨

二十四日大雨　擂未訶此甚佳

二十五日　看鹽鐵論

二十六日　看鹽鐵論

二十七日　看潛夫論

二十八日　看潛夫論　撰呂生序既閱呂論畢

二十九日　孤兒小學堂既已移今日題額

三十日　閱月表蒙三本嘉鼠此三十日中惟考出山水倉頡碑陰

大學爲世碩所作　兩千年前書[redacted]據此一語證之當爲

孫兒小岑題款飛争羨公幸手跡如十六日之從游隨
該證之家二十一日雨霞菴脫歸之後二十四日二兄之妙之殤
種種慕願皆博悼惜也

五月小建甲午　初一日夏至十七日小暑

初一日丁酉　孫師莪齋同往泰州尉關澥岑不遇

初二日　偕與孫師莪公同舟歸

初三日　有揚州劉曼過余見贈年硯云直番十金

初四日　雨夜過我　伯瀾來一談

初五日晚有雨　俗云端陽逢雨斗米十五芊豐年兆也

公路一札寄吟白詩屬作閱寄雲樓歌

初六日

初七日　乾川翁來一札云今歲豐豐疑不敷分送

初八日　錫帚述蘇州速成師範畢業考定名列優等

連日多雨農復望晴

初九日　看百帚通畢

初十日

十一日

十二日　又大雨

十三日　晴　三哥耔老同觀遊年硯於寡寡庵精舍

十四日　又雨

十五日　午晴

十六日早又大雨午後晴　洗硯野人先生云揩之再研研之能移時相
向敢不慎其手古人云嘉之之意遠在流覽非徒寶硯也
蓮硯以今權權之得十二斤有八兩其重應四時其十有叁
以象閏也蓮葉面背紋條亦凡十有三與重適相準
奇矣硯有三眼其一圓者當左面蝦蟆注目之方位其
兩長者當右面蝦蟆注目之方位右二眼之蝦蟆近而其
身伏而神斂左一眼之蝦蟆遠而其身疎而視爲

朱竹垞說硯　節錄

端州於漢為高要縣爛柯山石多可製硯惟水巖最上巖有三洞石分三品

上巖者質純而膩微紫中巖者質潤而凝色漸青下巖者質燥而細色
迥白有眼沈水觀之其有蘋藻浮動於中者是曰青花試以墨磨
熟之全塗之淡者為絕然為美矣至餘紋不同紫氣奔而迴不散謂之
火捺聚而為點謂之金錢紫氣成暈謂白氣次之謂之蕉葉白凝綠
中有濃汁謂之翡翠有凝於綠纖而末者謂之玉帶黃氣至上
為紅謂之黃龍黃纖謂之金線點一墨斑相比謂之雀斑丹黃粟
者謂之硃砂斑斜紋如斲錐者謂之蟲蛀牙色赤者謂之鱔血鼻過
是為眼不同有鸜鵒眼有雞眼有象眼黃謂之綠碧者謂之鸜鵒眼
不貴黃也圓者為鸜鵒鴝長者為象眼不貴長也或三五至於或七

九至章章首言而無結者也。辨此當屬者必推至終之思過半矣。

以上加朱圈處者告近年所有也

十七日晴。况子檢畫叢引白石亭行楚亭蕃巖精舍酒室詩圖屬后

一首。蓋詠畫者白老平時所作亦兄先生胸中無所不包也。

程髯我父執。宗年文章通家孝穆起林麾平坦伸向蒙風持風雅

屬仁兄送楊生游太和尊業士雪風流詠以詩引吭一長嘯狂且三

四詠可孝標足後史署義履以自揮斥坦延縱旗劍遊化家

奇奇鵝鵝不同神嘻歎其之說屈宋積秩秩書庠走睡人之旁甚季

難勇削溪英英奇奇韓杜軌遙遙班馬蹤惠鄉二三子所以

一隊後有如逐奏虜旗鼓中原氣運雖未遽言恢復而已足動民氣吹劍

而奮發笑倒長髯為髯翁作圖題此可圓防工題神不覺泉嚴

象森色盡閱說耳熱陰有念及君家之也何所至而為之可雕

而費畏入世由此已墮坑還歸一丘家讓饒千鍾眠日高

軒過室壁生華風

十八日

十九日雨 國粹報錄歸恒軒送顧寧人北游序述其僕誣陷事甚悉

錄先正事略為詳歸名莊蘇州崑山人所謂歸奇顧怪者是

也

二十日 縣官禁屠求晴 偕老母鎮歸

偶見魏子靜書題白石詩一首字畫神似朱浣亭 詩云陳侯

陳侯本是男子徽。骨清稜稜從常謦。半生篆文意善圖筆墨

餘閒弄山水。家貧不受尋人憐。我老逢君後生執。鼓掾過市

如叢林。松竹蕭蕭風露寒凡。一甌若茗甚清曠。讀如圖畫

辨衣氣。錯來明儒舍小飲。醉陪往往雜詼詭。灌夫善罵真

物人。一聲人間甚可節。我從古年病在床。蹤跡閑談天天

起。帘帘病起隨追逐。持耗除覺食甘旨。論詩解字眠如醉。

不遜糕饌齧感甜。家有實足兩四鬲。湖使分龕鈔什所稔。

叢下何人賦豪林。泉秀好其名餘季。來須餘甸 清聲。且

往往歌聲聞里。秋風三徑菊錚著。當前好景饒遺興。

功名富貴亦何爲。須讓人生行樂耳。 詩亦能道其意

亦爲人生春前學風流佳兒一班

二十一日 快晴 吟老過我暢敘闊衷。寧以右作題其款

也

二十二日 子湘招飲，坐有吟老、星公，前詞呈以此頃亦無所

得

二十三日

二十四日 梅岑白星南雨亭高言若詩

二十五日 星南出陳中岳（名嵩，字甫生，乾隆時人）畫梅冊子示余，此冊爲如皋某家藏物，已星南題詩卷首，引首雲海僊（?）花四大字爲桂未谷隸書，以下皆題跋名家諸名輩題詩，冬心先生之幅爲當年縱識（?），探卷劉石菴、劉（?）淡（?）、劉法雅、存遠、味辛、素子才皆當客當（?）時人，諭之生詢其處也，三先生即往角斜風從星南借觀。十日余西齋（?）必子影錄，石菴陸閣（?）諸化印縱之絕句，題三之首（?）並呈星南，星云瓶（?）捏（?）江城笛（?）語（?）傳風之

雨之壤秋至初到嶺（?）陽生網梳野堤泓山雨之霜鋒李宋

除卻是孤幃。春寒夜中長去顧之。倚張立雪寒侵紐子敲徹。

隨園節河廳　因隨園題詞語　附錄隨園詩前韻　梅　隨園梅萼枝。

奈人猶殘寒雪夜打窗。披圖乍見橫斜態。怕我如孫獨坐

惜春枝花詠最難。誰知艷出詞高筆。如君妙筆人間

少。故遣香兒去雪窖。節河廳　肯先學畫　又　誰羨詩君前樂

屋臨詩畫。先推一樣香一樹。此屋前江水半溪綠。更向花

下開樓門。數年心事也家語。香雪一枝如畫縐。春梅此

在多萼氣不遣風枝四邊出。一花中間綴一星。梅半掩

映又見香羅衣雲鳥隱無影。開看綠雲來　梅翁　老人

明之梅花例是雲是花洋不瀏三更月落雨聲來請

冷豔梅花魂嘉慶元年三月與肯堂先生訂交於杭爲

月上蓮齋題月出抱梅冊子壹題四夜爲賦長句如左

嘯嘗嘗拍夢觀巨冊喜殊安可爲之逝也又賦一絕云風

畫龍嘉話老北斗百年而上[illegible]誰個是青樓底通嘯

前后墨溼師雄醒又卒相來

二十六日泰兒學爲題冊詩兩首云中年才名衆口呼儒生

玉雪海棠新圖 桂未若引首四字 云雪海玉花 長安市肆看儲郎

個傳馬壽老通 此冊至京 圓當龍孝簾曾時解文詞老 所作

讌歌詩年來風雅消沈甚如夢境何緣夢見之

二十七日　夜分西市大火焚去商業七家

二十八日　夢岩自蘇州畢業歸過我暢談

二十九日　往候夢岩並見詩韻吟老

六月大建乙未 初四日大暑 十九日立秋

初一日丙寅 滬上鄭翁象衢來 論余鄧石如篆書子碑 姚覲之摹石鼓文二種 一以匯中文者 易州石刻 蘇靈芝寫老子一種 皆有鈔重讀過 仍還之 將仍送來

初三日 夢巖饋我山陽徐嘉顧詩箋注

初四日 讀亭林詩

初五日 讀亭林詩

初六日 讀亭林詩畢 徐君字遯菴 據其自序 此註自光緒壬午草創 閱十年而乃成 亦可謂勤矣 書凡十七卷 後附

校補一卷，以畀李審言，又屬段笙林粗讀，兩人所補者又有
羅特廣補，[illegible]十壓成一條，蕭蓋伯海去補十七條，指為疑糾二
條，錢，百十條，書，千十條。張亭林先生作序，後，百餘，指，西，[illegible]南如瑞生
嵩秋研治有年，則亦未易言注詩也。今以原稿見粗讀
一過，正以箋註所未及者三十餘事，謹分條記之，俟細
讀全過後，有所得，擬彙錄一，以三冊，鄭寄徐君，以求是
正。
初七日　訪衡太夫人壽，早往恭祝，乃假亭林遺書本詩集
二冊，以校以箋註本。

初八日校顧詩，徐抄舊注皆加原注二字，然添加者極多。

又篇三序語舊注爲亭林自注（校語誤以唐袁）筆亦未分。

甚張稱爲原注最甚，至詩中更注則確是自注，當

以自注別之。此刻體例未晰，亦擬一一檢告徐君商量也。

初九日　連日酷晴，昨午後得快雨，新秋頗佳。

初十日　東萊學案第四頁，聞雷雨。

鎮江葉鐵語，聞寶華山鄭雲衛行去銅鏡[redacted]文田君

宜子孫，以贈心蘭。

十一日　續校顧詩。林葉翩翩，清庚庚，壽爲唐堯，翩翩揖焉

馬裔為良書此甚求之而確知是誤者也惜與徐君相
遇道不獲其新出者耳

十二日 校顧詩

十三日 雨 校顧詩並讀石墨鐫華文及昌平山水記

十四日 雨 校顧詩並讀讀前十事 振甫述應泉徵
兵與兵更闕了

十五日 晚晴 月食 夜半大雨

十六日 雨 讀亭林金石文字記 著六華嶽廟靈謙詩下
云在至華山嶽碑之旁此碑前後空處有宋人題名

甚多，卒后文皆八分書，題名亦錄其行而和温公迹

代人墨刻尚未止。有一題曰：崇禎十七年歲辛巳和州

逸人戴遂孝尋瑳識，亦八分書。遂孝當爲彦孝之弟兄行也，頃雅新藏有戴本孝畫山水冊子

十七日，看亭林文集四與人書十五云：誌狀二十篇，惟公冶長一篇多論

古今人物，而結之曰：已矣乎，吾未見能見其過而內自訟者也。又曰：

十室之邑，必有忠信如丘者焉，不如丘之好學也。無一列論人物，

首論以爲內自訟之地，而知好學之深，則不能見己之過，雖欲改

而無從矣。不能見己之過，雖讀書無用也。記此二章於末，其用意當

亦有在。又查應文字紀：李文遠葛光所撰功德碑崇禎之十六年，云其文

者云如月上亙。是用詩如月之恒。恒之字從亙。亙音古鄧反。按詩如月之恒
傳云恒弦也。箋云月上弦而就盈。陸氏釋文恒本亦作縆。同古鄧反。
沈音古恒反。正義云月光正八日九日月體正半昏而中似弓之張而
弦直謂上弦也。考工記弓人恒角而短。鄭司農云恒讀為裻縆
之縆。是縆恒古同為一字。而陸氏讀為古鄧。故文因用之耳。今
廣韻縆字平聲之登韻收。古人概君之義。主言月不以望而
以弦。弦之言日不以中而以昃。日中則昃。月望則虧。故古人之義
義不取盈正盈而取將盈。此大易所以喜幾望也。今
人讀為恒久之恒。失之矣。　以上兩條為先生往說名稿所未載

十八日　山蘭以鈔本宜江上詩屬校至五律者皆六譯去如語

君候湖曉史新編中以石帆錢馭少時馭少明之集一首云

奮地開河勝氣來豈甲休甘覆修来使甲午亨年鄉未來門今悵不

同遊話舊錢碧擁山川好而折梅和對酒御厨剂顔㐫

擬馭少寧夏林館所記談人新寅前也

十九日立秋　讀夢林先生石經攷

二十日　寫江上贈馭少詩訖仍歸

二十一日　奉面於小滄浪祁止祥先生詩卷將后續成　福出以示

余見詩云一株花柳楣東陽又見黃文石和先風月任散

金山吞江潮，高叔行墨為花，因探芝房丹方秘籍，捲扫寻白雲，長松了無奇，巅紅騰海華，爛漫是明璫，鸞凤寶分蓮頸，紫綵玉匡，摧折不岩君，冥風吹，以帚埋衡，愿下韓樓，解通敲。洞庭芝精華，空藏芊秘碣，綠蘭還摧，壓原經龍人急，悵望華節，攸攸江间，望使星槎，溯八千八嘤，雲勒邵。

寄佳[redacted]

二十二日　子湘新得北周天和年銅造像一方，一面為佛像，一面為

造像記

讀庾子山集宇文常碑云：雲錫鏨峯，薔明非為證助

上言此王稱任若左氏傳此而覆版和傳是舊義也又李秋塘

王喜雨詩顧田雅上々原稿自若之

二十三日　祖考忌辰

二十四日　沈歸愚明詩別裁錄亭林詩十餘首其中述及五文

中子云云過姪亭之家衛云云與訂南歸子別之皆精別傳云

皆引據自注然則乾隆時所刻亭林詩注且皆定為自

注之

二十五日　[illegible]校[illegible]二之

二十六日　十二九日為鄭州水驟漲壩工頓危

二十七日　補正所謂徐注正訛百餘條竟錄第一冊又為徐箋
自注及原注二表

二十八日

二十九日

三十日　閱車駕平黑二壩已於二十八日開放

七月小建丙申 初五日處暑 二十日白露節

初一日丙申 至南得莫子偲所藏伏生授經圖出以視余

圖分兩截 下截有一馬駕車 上截有一人安坐 伏生也

一人拜伏於右 鼂錯也 在左側一女子傳言 衛宏所謂伏

生女也 屋上際作帷帳形 幅上下角有莫氏收藏印 據

子偲宋元舊本書經眼錄二附錄 此幅為日照許印林之子持

以贈丁儉卿者 許氏凡三幅 子偲因乞一幅也 子偲時訪

儉卿於淮安 時為同治四年十一月辛未 錄又云此石道光

二十五年四月印林獲於沂州府治西北右北大寺西廢圃中得

留鄉邨書院

初二日 讀通政公研經堂文集

初三日雨 擬北上 暫緩日 亟望快晴以便劉晾也

初四日 讀平津館文集有伏生不用口授尚書論 類雅士藏經文口耗錯誤不能讀且舊授以章句故使女傳言錯亂序以為先生本經但以口授非也 據其說是也 漢書儒林傳云下帷講誦弟子傳以久次相授業 上云諸儒下云傳授而非其有本經矣

周亮工讀畫錄陳章侯 洪綬 號老蓮 亦號老遲 其稱悔遲則

甲申以後也雖誣佛將將於鄉人所致金錢隨手書寫尤喜為貧
不得志人作者周全之舉家貴有勢力者索之雖千金不為
搦筆也陳白老為人頗似之
南豐竹●江西為錢牘萬以洛集注文粹精七家後漢書
吳縝五代史纂誤陳文恭五種遺規王學多書圓
並函致仲安擬薦余入安徽學幕云
初五日吟白鄉往邸即寄一札至安伯鬍處並謝其君借兵學
一種重南邑收觀羅考及顧詩補注皆經精晰
考白甫兄來兒寄所感上作因和二詩以答之云風雅

錯也家不能亡者只容貸人知少年比擬蘇黃不合
附直一段度傳聲色為白下游新語情情勸鄰懸張知
異地相思切一个朱顏一白頭
處仲兵　衡皐道錢
初六日　星南藏有郢州桂陽衡陽三志書卬從假讀郢
志往嘗讀過桂志為王壬秋撰衡志為彭剛直纂三
志皆史才也若後來撰武衡志古師所編有家細事公
傳云者姜丹陽人以拔貢生右判借補衡陽縣丞六年
不受民一錢去子移縣令山召論遣之延獻傳諸君已後八日

又在乎全活概恤利民，亦以通蓄直而已。彥爽既屢辭列躬

學裏子，雍容蕭疏，以療飢責役，嘗歸力農。查江氏之今稱學學

出與高郵黃業輔同傳。至贊曰：仕如森貝當為卑者言

其疏放高風邈乎！優哉時歎，聊以自簡。儀彼從吏雅篇

紫幽（附錄 黃傳）黃業輔，高郵人，副貢生，康熙中補衡陽縣丞，

攝縣事，嗜酒，飲少輒醉。醉中有責家訴者，從案下庭，業輔

方醉，出視狀，從實負而責家以務逼之，俾問從若何為

者，從以實對，則笑且罵曰："公堂豈避債之藪耶？"麾之去。責

家瞪目而已。又日，業輔醉，則祝吏命兒擒因案人，若日佳

名家官名[illegible]
编者又有傅序
公讳[illegible]賚龍
隆甲子副贡任
黔县教谕又为
阳山县教谕
[illegible]年[illegible]之[illegible]父也
[illegible]年[illegible]子城
为祖[illegible]卒川

昔日乐笑等相在此既命诸君丢继今志凡拘历秋者小

轮斤有联语刻楹叶辑职以为刻板以醉选之者役大堂

至落秋于此生此卷遗意缘於卑官掇家谱幼华

公乾隆乙酉拔贡为宁国太平教谕又为广西（武缘）灌阳永福知

县调授湖南（武陵）永[illegible]历调衡阳县迁陵又补城步知县

以为资荣理当府厩郡瑞人历任地方士民俱颂为[illegible]以

以当[illegible]降之而荣彰今有师列传图[illegible]不详[illegible]十[illegible]卿[illegible]

则自持[illegible]是也又有师袁云青[illegible]英以[illegible]家[illegible]十年任

十二年渡任十五年三任又遣[illegible]卿县[illegible]右[illegible]县江苏

證中分縣移建作田權江西今稱寧都者以此也衡志為目

誤十一年刊

初七日 讀衡陽縣志人物傳云王君三貴先為鄉人所尊崇初

有王欽者為衡州衛指揮僉事起王三貴為縣人手擒此劉

船山固是江蘇人物也

初八日 過蕭琴以所撰日本金石錄見視 案劉肇重

脩縣學記自回為日借人宗建程為溧陽人當以碑為正

也 五首生日 六首來 詒詒誤及說文之學

初九日 過海印樓以說文緣古籀金石文四編

郢州志貢舉命而明年進士科目清望甚比漢時才者有遠滯制為
常貢生員並得銓註出身倚貳等習三百年中常貢生不啻一
命者甚夥國朝之初猶蒙諸授百餘年來國人之遞既多士之
游學校升上舍積漸至於充貢事及書史以遠候銓選淹三載
十年得之人死久矣其能發憤書今能難等皓之年高不得志
雖之國得德於世望之路至遠捷得之士至以為旅二播階進
輕之長老而位遂之進於爵也其載著之望知德此一時者乎
衡陽志列女命儒覆書事民傳語云國民可與知禮之書以不
仕勸者而不以隱德為之子為新那之訓得之明義而平情也

自秀女雅兄二仙之謂，椽謗以求富貴，罪名歸之，情亦可憐，我君
是耶？豐及非明，李之昭傷如置民殉國，而從南方墨使輕死者冤，
君臣之分不明，而屬殺之禍終起，貴宗黨獄，王夫之之倫，少國之之
拒此義，出亦可羅交措讓為藩也，之老儒而措民伴狂愫，
激老死而不悔也，而非也夫。

初十日

初五日日，報去蔣墉運河決口，車邏五里多埽，雖已淹湲，
閘啟而水勢仍未大洩，淮湖壩鴻務堂作揚州利園，蔣壞河去竟
應湖之西南至淮北[redacted]車邏五里，與邵伯高郵西湖[redacted]相承，
[redacted]去寶應縣殺之[redacted]而壞[redacted]殿，而水不驟下[redacted]務堂先

生此冊列於道光十九年[redacted]圓幅六段箋附[redacted]春夏

秋之交惺兄王父與王世父手此冊指畫地勢以證驗（課餘）

下鍾為畫後十餘年又見先公畫後因之以畫青蓑

於而更請此澤之獨也館自而三黃以來范隍以而名（泪濕）

長因往之若干數讀之土哉且以前人為慮屢念乃

（文）百發壞之後於以知至（遂里）之而可精而多備應（經）以寫生也

且有以西北之方決而東嘉不畏為年辟而憶生此

[redacted]蓋前人之用心也歟此冊藏先所有年積之破闕因

至紫叔之

十一日 讀春秋繁露今證 自楚莊王第一至諸侯第三十七皆從春秋 自五行對第三十八至順命第七十皆從孝經 自郊事對以下皆雜論

十二日 雨 讀漢書藝文志引董子說凡八十餘條 將爲疏之 閱春秋一家之要義也 重裝何光遠鑑誡錄與彭遵泗蜀碧二冊 蜀碧爲黃壬父舊藏 毛上舊有竹深讀秋閣書 鑑誡錄則蜚英近刻也

十三日 秋花以蓮實蘭花先薦 吾家太融南令魏君作本條

漢書敍紀傳依丕李賢注丕或作平

十四日　母親感受新涼，兼有內熱，腹瀉數次，請兩臣來診，進呈藿
厚朴澤瀉茯苓之劑
十五日　母親寒熱稍退，仍進昨劑
十六日　母親寒熱已解，痛瀉未已，兩臣加入秦艽等味
十七日　母親服昨方，痛瀉仍未解，兩臣改用薤白等味，夜來未瀉
十八日　母親腹瀉已解，仍進昨劑
十九日　日報七月十五載十二日諭旨，已決意立憲，要方略先從官制，然後釐
訂法律，廣興教育，清理財政，整頓武備，普設巡警，以預備實
憲政

二十日　尹家世系当以诗都人士郑笺为正自广韵载尹吉甫之说遂（后汉应劭风俗通、笺注汉建安二十二年注引）推是谱牒家之[redacted]王伯厚推而急就篇郑注仲山甫所论书皆推尹而存不知隐之谛。太山桂氏推山之制有尹是尹国出推者也者说则为尹则贞子孙不必复擅王父之字安吉之言推综其考先生能氏证系族之例通综郑笺发正君说为表氏谱系族

二十一日　秦儿通检金石王陵为萃编自汉至宋除浑编正见處嘉而订外汉至宋二十三人又为（平注）沈氏补篇之人大众以碼补为本文而河南王刘望也羣猿推宗南后时曲涵香遷閣（正统秘作讀流）

料自隅謝而合非此而肩不與河南同證也

二十二日 風雨 二兒亦以受涼共發熱痛瀉兩腹柔軟先以解表清

二十三日 二兒熱粗解瀉下未已兩腹柔脹清利當化清兩腹治病

脈精細得緩及今春夏在在病瘧正月初旬病退時伊亦至

脈來鬱當年雖在閩天氣不寒不對據是肝脈先傷傷之象至時

此亦二病新已亦未淨此加治厥陰經十數日一晝遂不可補

亦亦非此兒兩兩醫不知其要也

二十四日 二兒服昨方發熱已退二痛瀉亦減 蘅皋道錢

二十五日 重裝杜詩摟要林蒼村詩鈔

二十六日春光正盛熱病漸消覺涼及撰以下諸陽明不宜斫政也略而且蒸

二十七日春光熱已解

二十八日看阮文達揅經室一二三集一集說經諸作皆係經解已刊未經入浙江圖考之類是也三集中商周銅器說經解刊已下似論已上似論語論未刊二集碑傳序多四集則詩也

看唐確慎國朝學案小識其書十五卷卷一二三為傳道學案卷三四五為翼道學案卷六七八九為守道學案卷十之為待訪錄卷十一二三四為經學學案為待訪錄卷末為心宗學案為待訪錄

此書專宗程朱曾文正文集有書後云居敬而不偏於靜格物窮
不偏於瑣力行而不迫於隘又云義理有嗜於心而敢進焉則見多是
論云至於義理周道自得標去而方溯自圖不為口耳之求而求自得
事是也邵康子所謂目也屢先生與人為善之意也審其所長而又屢
其所關文正此語實凡讀此書所宜留意此本為光緒十年
重刊不知何以將曾文正書跋也
二十九日　午後往海道橋觀水

八月大建丁酉　初七日秋分　二十二日寒露

初一日乙丑　禹言之鎮即設醮爾伯齎兩緘

初二日　明日學廟丁祭　率泰兒先謁羽㕓　蕭鈞浣文送浙江圖

說

初三日　率兒輩將應學堂讀冊燈下以詩云故鄉若皆臺。老去慣牢愁。惡髮滔中

茱萸。舊山橫舊游。閑閑客吏院。淒淒巳樓流。我非佳君去。江南草木秋。情陰寄

書目。叢書目答問以為編錄。自有經時限。何如與依疏。郎之輯勸學。東錄相與東孫

重來師為別。老子還英雄色。邀老擬刊志學書入兩社同人書目錄皆陰君以為書齋名也　生涯經草亂。甘苦為

慈闈。安念山儔詠。彌孫游子衣。雲岑藏其引壽。太學慢凝眸。難何罷兒

憾人間被足跡君此游章毋忘門仲躬合有道器闢收步頻年先生蠶藏經本披南

劇纂文下吞至方滋山水趣庭廣老莊從偏道當何如訊國君語偶緣

初四日昨夕看書稍進微造原氣今覺不適　夜雷雨

初五日　補註吳梅村清涼山讚佛詩

初六日　自叨金廬所文閔此物久留西亭闡硯老叢兩東園來信兩種

遺畫因命兒料撿一過呈眉翁者即送與爐燒之

初七日　候硯老不遇即觀其園外秋色數種　連日向夕其中蟋有蟲若

蒙蓊然過者然不棄好物也

初八日大風

初九日庚辰，立秋。坐雨，暇，覃溪翁祖拓丁園瓮翁復作園圖，金石家題詠，因取四庫之

云：兒歲曾遊大父拜臨溪拓蹟，留南華廊多陽上樹灘生水之古舊秋光四十年

園上苔痕冰雪閣，雲寇之氣五古北，作小傳遺生居，因活了竹城家生手

補憶兒時大父蘇擬，作小詩續上，示叔父多陽上樹秋水生灘白以沉渌荒。閑元匡之老

仙笙[illegible]舒翔彩此生与極莫閣長安是名為換孤棲只有佩想知 為老以此識之了若歸 同接此圖遊翁心裁

水爲劉伯翠聽 園与花庵 元張高家士若沈論衡撒婦基之勝又臺南江門樓露作為楼 居

何處是寄身 白沙老者 依舒亦歸是為韓仙 飲為梅楊雲舊 酒人花瓊仙家客 瀾 游之淼 樓雪江

山作風游室滿前煙圖水滑孫流來而未悟之 室大主錄此目寧啄不我以也 室傍此鏡園圖上錄有詩依詞

季云
之

碑拓子集 近來選取摹拓所據石圖爲林玉此以悅多勝也兩石共存十字

和十日檢碑帖行，辛丑。秦楊鴻文煌泰山秦山篆、鑿書，書附有殘拓，以一拓殘餘秦刻甚少最貴

467

十一日 吉翁〻出其高适裴以下雜殘箋當作余是詩之意只許推之手掉
嗁 看孫馮翼輯世本 檢廬抱經叢書本
十二日 讀那史論王待乃標示此種詩為送孫奉冊封琉球王尚灝往也
十三日 讀衡陽縣志山水仙佛孫奉之志雜似水經注
十四日 閱何王注太白馮注東坡兩集
十五日 連日陰雨河水大漲 看陸清獻學案 讀杜詩
十六日 昨夜西風今日水已歸門 沐浴 夜夢先公端坐誠拜於下拜
罷示誠以冊冊上載九九之數謂誠曰此陽數也又見七七數能
民過吾門曰李誠母命來應宋振翁 今年八月為先公十周

之悲。城之痛於心，前日曾稟母親，以城生日之筵資移振義舍，

此舍之創，先公之志然也。

十七日

十八日 先考忌日，嗚呼天之痛，倏已十年，立身揚名了無建樹，悲哉！

十九日 東莞商會開會

二十日 五六兩弟約游泰山寺，並攜恩一、藻二姪及泰兒同亭林遊。

夏側四印題亭林詩集以志向往並書其家趣，發星南伯爺夢

嘗語諸君：先生四十有述經術治道併以博，先生四十志乎斯齋

奉題自蘇撫錢生春頃三百年秋發款非握長諸儒語昔時題

為婢記生看驗際馳在烟悲早草非孝陰境佛佛邪語小藥
受又淫空壇塗啟識機難諦化山痛之懷未學舞孝老姚信名
余寸嗟如悟劉蒼年為親所憶不望雄忌思此雄家隱生負以及
惟蘇意壁親如舞寞集電鄉旬之此善包在國徽福九語道風
親積萱祖剝鏗諦巖龍林填古粗完識秋中附語空誰點尊言是
諫胜邪識山傳滄意遊勞電蘭微文政丈以福龍供簡君收俠士
歌編年院校卻汪山議時前千秋先佛之義遠未獲親造德啟命
王回翻信西河補之迎傳說此本旅稿時之經
川前子佛而讀後許者之逢之德嫁光先學放讀樣模

寄先楼谢叔瀓乐安[redacted]石义皇孙文采然传墨掷精气流
寒秋下笔挹卷太息直风骚江淮米贵复腾踊直水君孤高
鸿蒙词主诗范文正到之严光一方福避老难几百年不闲
朱碑能分楼梓漆墨机清深若饱犬豕饿人勘书况借张
力阅凝泥沈如道家说以素不答非与同多
二十一日　星南云来和诗四首
二十二日　过研儿学堂试验甲班之人讲孝经
二十三日　大雨楼南宠会庙祀晓福庙斋之
二十四日

二十五日 依韻題止菴先生印花二首 重五前旬 南極帝鄉無一首湯遠篇

端午日拿光高閣世執絲懸艾鼓同社先鳴蘇將花垂藕赤墮

孟夏芳宇鐘滿洪握分明長金粧玉葉郁香芳膳惜春年

神道歸帝鄉國樓挑桂撫氣光乞邊筵異蒼翠玉讀經總

禮月穴搜求酬輕危 日正日晷花遞 天下水史雙流雲輻濤園經分

昨海帝西春儀誰知幾悔誠可笑

二十六日 往市上買得葉帝毗詩一冊 湯若士評花間集一冊 直錢百二十

二十七日 二十八日 二十九日 讀葉詩及花間詞 詞凡五百首

三十日 為之遣戒

九月小建戊戌 初七日霜降 二十二日立冬

初一日乙未 讀王先生永祿實錄

初二日

初三日 殺伯騰撼山寨安六振收

初四日 於冷攤得古硯一方縱橫各四寸厚近一寸硯首為池九穴宛轉相通硯質敦樸溫潤左方刻三篆文曰方一山不知何許人也字在硯面背首一字殿被摩損能大處不辨

初五日 海鹽邱蘇園來看石洞主揮麈其論詩極推服寶林先生塞一云為顧二公詩學皆從杜出是一種派係統緒二者早已相視而莫

亚之 大拙二首

初六日 为言思我论诗

初七日

初八日

孙师为蒋叶吟七律二十首，与吉楼子湘子者谋合资刊之

十五日 刘云云弟自甯来札，述家中有缧绁之祸，今夏一役，亭力主中止之策，今遂于某日迁于闽款也，印织告未足祸欤

十九日 吉老孙师招同过大觉寺观杏梅

三兄录摩河山權庵山水册子题句二首戏

擬詩四首敬求重可正之盦先生兩兩費仲可兄之紹同訂

詩游仙意蓬瀛，名山治知此未萬人，嘗代中興時幾。

欺仲高詠臨風懷舊蕊，錯過浙好字，歡闖吉子姓，豈肯時時詠

語，讀竟完吟笑，破十行千里，流光謝十年，白圍草堂遠秋

姜冷推細，小人稱有圖，閒多長作龍，其嵩未始難，篇作閱，收鳥会

斗邪，有閱推敲語，之又如生之，孫童封假優，語門叔經理

雞水素陰漏，涉小茅府雕，中原條桃欄，老後滾蓬華，綠秘

徐仙宅，儲為伊氏桃，佳呈一首揭過，語不禳枝台

二十四 幼安以和孫師詩十首示我

二十三日　孫仲蘅來為予鈔要藏要擬目　往西濱森山書莒

鐵華上人送梁弟傳　買菊莖莊歸　有一本名雨笠風

竹泉住

二十四日　和綬卿詩十五首

二十六日　又改十五首

二十七日　蘅來　和改十五首

二十八日　看梁家鉅振歸來綫

二十九日　看梁家鉅婦田詩記

十月大建乙亥 初八日小雪 二十三日大雪

初一日甲子 為言有秋訂正和詩

初二日 裝一樾題邀齋 讀黃文節七古

初三日 以表十錢得舊拓買地及甘泉中殿兩漢刻一 舊拓一

刻完美無缺 甘泉刻僅第廿一幅 餘幅偏而不知何人以意補所也

初四日 晨冷冰冰 讀孫文定●南游記

初五日 藕蓉送錢壬和詩三十首已脫稿 過壽安觀菊

初六日 過古聖寺觀梅

初七日 讀魏晉諸家詩 阮以籍詠懷 陶潛述酒 皆離騷之遺也

初八日 壽安和詩十六首送稿來

初九日 讀宋齊梁陳諸家詩

初十日 讀汪容甫詩 又作一札致西亭寄

十一日

十二日 希生自江寧歸述禮卿觀察係痛子而殁可歎

十三日 五弟以二十千錢振淮安饑民此為吾家年來第一善舉 見竹垞吟社部鈔

三弟攜得曾大父遺書以示云自信從來存詩書不知以時事

三兄如何 吾輩尚能筆〻亦衣食〻餘尺寸及物曾大父

〻隱尉於莫漢者蓋不知也

十四日　三兄自角斜至南，自如皋十四日歸。

十五日　邀甫星南、壽安同過衛皋談詩。

十六日　看大西之山房言事。王嬰概來，卿論篇論古文之法極詳。

十七日　看泰州學案。爲陽老夫人似遠前時兩陽詩十弟三首，雖爲兩陽計及業上之善，不之意，兩陽北看未能，華如此逐行，統看之文，遣此悵痛，爲之慟懷竟夕。

十八日　孫師集勝閱辦由河小輪蓄濟出司友人處看孫的話。普法英美俄五洲當濟諸仁何通西讀鄙。

十九日　過大王廟，因子香觀神生日，壁生設岳堂，攜升老。

傳

二十日 以蘭思遺我叢訂五叢

二十一日 讀海峰文鈔

二十二日 讀板峰文鈔 雖出於劉而勝於劉 讀書多故也

二十三日 讀惜抱集

二十四日 讀惜抱集 甄信云字藏省吾家藏有先公小楷詩國來非它人文字所暇泰送杜詩提要之年重出版四冊亦未讀先公生平乃於甄君墓志銘兩行之為之大快

二十五日　讀楊椿集　吳野人詩六家甫龜先生為通甫皆有

蘀葉之作傷亂之為詩四首　題孫師鄭詩後

二十六日　讀楊椿集

二十七日　昨陸身雲歸往唁之

二十八日　二伯父七十生忌

二十九日

三十日　撰白容金石記序

十一月小 建庚子 初八日冬至 二十二日小寒

初一日甲午 以句容金石記序稿就正三兄

初二日 看嚴子進江甯金石記 夜大雷雨

初三日 看汪研山揚州畫苑錄 流寓如吾蘇之李松原錦、蔡書堂、花奇山原稱逸品，而鄭李鐵琴花卉指人物無慮數倍，名如畢李鎬、海粟寫照，長吾羅兩峰十二圖，徽高峰絕著傳真小顧二毛也，上元人，畫時稱人，又有周畢子以識李義門之七，其話錢嘉奔山東臣元人，插蘇一派，接續傳真小顧四達，傳至管為自淦兒梁御試

初五日　星南來札屬孫兒寫陸雲家詩副本

看錢唐吳繩年端溪硯志凡三卷皆采錄前人硯說中有原大端硯譜一種亦此之所疑云之所賤者而知之詠而知詠此真講席之精英其價過於瑤瓊者也不知余向所得諸實識藏硯銘譜印本原語

初六日　補荔蓀叢和詩序

初七日　顯考生忌

初八日　衛吳鉤銘讀詩

初九日

選手硯如曲池硯及此硯皆有田字窪墨便於流也選手刻蓮葉如曲刻池略似刻雲根也

初十日 又植帝工部古硯一方 縱今尺七寸強 橫五寸餘 首約厚盈寸 厚近一寸 四周窪下作海水狀 中央隆起如磬作田狀 雲近首處又雕水中躍出龍首噓氣作雲狀 中圓徑四寸 四旁崇志有所謂龍池浴日者 殆謂此與 硯質滑膩發墨 色青白 硯背四周黃氣回繞 當亦端溪精品也

十一日 讀韓非子解老學之文 全書發揮老氏者極多 不獨解老喻老兩篇 史記以之同傳 蓋已有見於此

十二日 藺老爲清容之上集

十三日 易過醴之兄所藏徐堅堂古印錄

十四日　過冰臣兄，出石門十六石刻去。

十五日　偕檢漢石門頌刻，右扶風丞李君通閣道記，洪氏隸續

編多誤，因釋之云：右扶風丞犍為武陽李君諱壽，字季長，此永

壽元年中始解大臺，路由子午，畏子午之艱，遂

人蒙福，君故援蕁州諸事，每舉孝廉、尚書郎、巴郡

朐忍令，換漢中成固令，遷宜禾都尉，凡七十二字。今刻上

首橫格上有刻有題字，今揚本僅存一表字，草書刻

於楊淮表記之額也。係壽字長義，正於此。隸石誤（淮南本誤淮）壽字，又

讀長作季士，非也。橫上[illegible]之為曰壽，象雅說文讀若之若石

問有處危跋李君跋謂平勇叔白顏大章跋中書舍要
平之室也承書之年記之跋作之年也陰謀跋啓政謀要
為興不路承書是磨古之年紀刻石之年當紀也人知叢書山
施梁啓為閣道 史記夏紀素隱 不知積土高丈右曰高道將北返
廣異聞 又此刻廣正在曰李君跋大書表紀
嘉田 即南區篆字禮燕碑岳有字篆詞宗之下 敘文從篆字字
文從大碑敘隸篆字篆銘文之之二垂使年紀量之艸也華
綿篆字承失之
十七日 積石山房文集 退世居序 語生文 李去樓 嘅二之十字

凶字從此知所戒也

十八日讀瓜什日文

十九日胡師邇來吟志題蘇葉吟詩四首

嗚鶴人晉西谿大聖寺之作，呈詩次韻。每過東亭，修雷語

東巖之大聖寺也，無備青中岑哉

二十日過大聖之寺觀摘。讀劉念臺人譜，見遊臺讀書不

知要云：謝上蔡以記問為學，對明道先生舉史書不

遺一字。明道曰：賢卻記得許多，可謂玩物喪志。謝聞此語

汗流浹背。及看明道讀史，又卻逐行看過，不差一字

後此則眠道之示話物壽者有形不可隱記以彊博也今人
誤眠道語藏經史書亦不必讀世眠道之未之見甚矣
讀書不通之士雖儒先之粹語亦迂爲二病

二十一日 冰陸以山左金石志殘本贈予凡六卷皆金志冰翁好錄
書通志金石略讀簡無皆收錄此冊亦足重出者也頗訂之
已可寶貴矣至中鏡印兩卷尤沒見觀止矣

二十二日 讀山左金石志自一至六讀自十至廿五此冰翁藏本以
下蓋闕

二十三日 六舅至歐姑往視之

二十四日 至南禾北攬古鎮江並徵錄屬予及吟雨瑞君助之

二十五日 泰兒看墨林今話以陳古生里貫

二十六日 讀梅村七律 除壽齋以半園書匙 壽齋名在漣 社予家藏呂照注惟眠六十壽詩一幅 自署南延州人 浙人也

二十七日 田振鐸十七日上諭 拜竟德清經史國文為振椿

二十八日 讀望溪集

二十九日 讀日刊千金賬

十二月大建辛丑　初八日大寒　二十三日立春

初一日癸亥　日食　讀梅村七律送張玉甲注引汪中說春若蒼虎桂氏猶三七二字者不可解也

初二日　寫一緘話遯齋　星甫過我觀雖梅詩册又跋為世泰美葛莊二人為中憲公從子為壽莊為善陽二姜之跋也

初三日　從宮南借宋蔡夢弼草堂詩箋此本為光緒之年已讀方氏刻　校其存唐一時所藏之刻本也黎氏在遵義書有此書目述宋蔡夢弼舊稍敘目云蔡夢弼帝寫西如通如鐫蒙[illegible]杜注敘例所識可取為編年本獨此耳　讀望溪集

初四日 白石書來述禮卿先生見招，即作札覆之

孫師許葉詩已刻成，先寄來九十六冊 讀習漢集

初五日 偶翻黃葉某小說著之，謂冬至後名鶴雅輯冊中一人曰
眞葛生

初六日雨 讀禮記儒行十五儒，要之自立、要之特立、獨往、寬裕也

論語博文約禮[redacted]文謂春秋，禮謂周禮，蓋孔子十指云春秋二百四十二年之文，天下之大，事之繁，無不有也，此博文謂春秋之證

哀公十四年左傳正義稱嚴氏說以爲孔子自衛反魯，修春秋約以周禮。杜序正義引沈氏左傳解謂亦云自衛反魯，而作春秋約之以禮

此銘證明周禮之證兩事一要自相承韓宣子所觀周禮即春

秋也孔子所修春秋即周禮也顧謝子談皆備聞其要叔子罕

離也其兩截之古字詩未精錄二吳正以合之也

初七日據師與十壽以東山刻石壽字存說考之敘曰有宋一代之學之所由

出世議之三三大儒安定言自語諸經不如傳徂徠之傳蘇子瞻劉孫孫之

讀學者隋唐後富壽一人而已富壽之當壽者錄明年以庶幾非議仰非辭

豈若非譏周鐘乃征鐘證篇壽乞摘文中以答此下之疑壽之

也富壽不徹章能於其書由是世後東海之學者聞其風而化之證

航吳王之學者以通於人之所能即是郡先生富壽之意也

略舉不以異與論者同□從前書以先與論者同幾史稿論者无
十卅拈摘恒詳疑義者此先生今年生閣也耳以為長騷先生少壯
未或不盡處先生之采下而不為更所窮以汲論者是紀生
者遂之甚不及也論者精當者耳先生長於訓詁人者之言曰壽
者與識鄭箋語義力求義精又有之曰如斯斯之義矣不足啟
承鄭箋語意之私承毛之義矣先生之論之言最此論者撰
經說也宜以前鄭箋者剖正□因□其之言鄭之文者先生取以為附
於三百篇而義之未能□受經而要說不能體通書義有如
安定先生子範板桥僻侍左右縮合以請益於庵老石缺顧予□

圖以比方徂徠南朱而有讓也

初八日 巽之自丹徒鎮午後開船

初九日 夜雨

初十日 晴

十一日 三日皆東北風 順帆抵揚州 大雨

十二日 微雨渡江 夜宿附輪至甯

十三日 遲明抵下關 雨 兄禮丈齋老已雇馬車歸

十四日 拜禮吾 高兄 殷吾季豹 吳隱卿 張子開 三君皆篤雅有節

十五日 與孟翁論說文之學
十六日 與禮之論學 雪
十七日 辭禮之東歸 晚霽 遠山積雪光景甚佳
論船六時暮抵鎮江 途中陰雪
十八日 看孟子字義疏證
十九日 過伯潛
二十日 母親壽辰 同二兄謁三茅宮還祝 晴和
二十一日 過瑞錫丈 雨
二十二日 同二兄自鎮歸 晚宿揚州

二十三日　自揚州換船

二十四日　舟中與二兄談顧亭林學術

二十五日　過泰州

二十六日　由溱潼附小輪到家

二十七日　雨　晴　往來幾二十日　雨居多　在鎮三日皆晴好　母親慶辰　天氣尤好　至可喜也

二十八日　雨　看本月中外日報　梁鼎芬請建曲阜學堂　柯劭忞請定嘉靖宗名兩摺　皆極有關係之作

二十九日　晴　看孟子字義疏證

三十日 買得柳州文集通鑑補正水道提綱九〻消夏

（原件此處遮蓋）

光緒三十三年丁未

魯學齋日記

正月小建壬寅　初八日雨水　二十三日驚蟄

初一日癸巳晴穌

初七日得舊銅印一方其文曰敬齋當是明儒胡居仁印

十五日聘三為我刻黃帝之子姞姓之後印成　母親製衣印衣肚之

崢甫壽回左氏旗攷稿

十八日命女恩從泰兒問字

今年應禮卿先生聘將往江甯料理書籍屬泰兒目錄之

二十二日兒臣索觀海燕州堂詩及余舊撰管子說二篇

搨敬齋印寄臣帥分詒芷蘭宧兒臣

二十四日　拜别母親附輪船至泰州

二十五日　午刻至仙女廟換車行十八里至揚州寫安稟一封

二十六日　下午至鎮江寫安稟一封即夕附輪船往甯　夜分雷雨

二十七日　晨抵下關坐車進城蒯宅在水西門安品街發安稟一封

晤禮公

二十八日　晤孟喬云上江公学学生未齊　禮老託先課其二子同席者

為張簡遠先生　溫叟亦至

二十九日　禮老招飲坐有朱仲我先生及程君鼎丞　夜大雷雨

二月大建癸卯　初九日春分　二十四日清明

初一日壬戌雨雪　讀戴東原方言疏證劉歆與揚雄書云所謂知蓄積善布施也又云蕭何造律張倉推歷皆成之於帷幕貢之於王門許君說文敘引易夬揚于王庭及施祿及下居德則忌云云段王諸家說皆未要得此乃服既事許書者非易義漢儒遺說可寶如是　禮公屬爲跋朱仲公書論公學遺文之指

初二日　禮公以點讀鍾氏穀梁補注見示

初三日　裝安稟第四　候丁禮丈

初四日　開學　禮公四子曰伯仲曰孝先曼先云彥先云霽先則曰耕季也

張君課彥覺子課彥秀彥年十三秀十二讀過說文部首左傳子曾
子緯文彥溫厚秀穎達卯作彥秀二篆說示之云人之生也必有以
自命而名記曰名以述名略分五例名生蓋實德命滋多彥
德命也秀假形物而取其德以為言者也說文彥隸彣部其說
彣曰美士有文人所言也彣彰也君子之文章莫隆乎禮樂先王以
斯二者道士之士服其容咏之而聞譽彌之秦聲之移今人鄭風
之述君使秀是道也秀之說解以諱而闕然其下從禾乃頌然穗石
文說乃難曉也草木之秀而實不花雖禾生二月八月稻菽在中有和
武叔旦夕其收功也進其積力也厚實稱乎為然哉通乎彥之

說則知樂名之有所自來而禮樂之化無通于國之說則知識貿貿之說非淵進而中和之道闕矣蔑蔑甚矣嘗以為兩生兩生說詳書因說通其誼以證成說命之說為兩生勉兩生讀者之 佰瑜來

初五日 昨日聖廟丁祭今日肄廟禮同閲公及李雲兩生又吴君湛卿李君慶丞往觀編鐘八編磬八鎛鐘一特磬一琴四瑟四鼓二柷敔各一簫若干但閲其已殘未得其義曹文正江甯府學記云非難邪聲而反經異操所道託夫為曰隆禮而已矣今之時去文正殆五十年世局又一大變然所謂隆禮者則雖古不與變

華而祝文正時為尤迫切者也　夜分復偕閎孫温叟愛丞三君
往觀正祭僅見崇聖祠三獻餘皆未得與蓋端制軍豫備孔
嘗不能有旁人也
初六日　講左傳長勺之戰　彥先秀先皆據經史百家雜鈔送來為讀求　禮文宗旨在以經證
字以字證經俾後生得讀字讀書之要其論是也　鄙亭
情　講韓文原道之膺德
初七日雨　楊漱春來　講左傳韓之戰　自悔輹　韓文諱說
薄水　費聚稟弟兵
初八日　講左傳韓之戰　納晏隱篇　蘇生戴樂　韓文原鬼

彤丁　買經籍纂詁此印本略傳學者文　諸

初九日　講左傳　看公子重耳之出亡　駢脅　薄　豐　陳公論　同軌

韓文雜說　數俱　豈安云云第六　附閻公論語書五書

初十日　同閻公過書肆　買得郝蘭皋晉宋書故宋瑣語郝二冊　又舊校穀梁傳注疏四冊　中闕僖十九年至宣十九年一冊　還公羊穀梁之卷一第十四葉下方有儀吉案云云　乃知為衎石先生校本　驪嘉無量　又有說閻一條劉帝寫之襍於其冊中　當是文王年上世列下閻下札記據此又知僖至宣一冊其晚落時能令不甚遠也　惜無僖物色之　三種合直一龍銀一餅　閻亦得張力臣寫刻本音學五書　歸途遇雨　狀雨人樂甚

者叢細細不復計也是日至織會館開會論生啟假
又見湖海樓叢書三種曰周易鄭注曰論語註類攷曰學林尚鄭注
揭瑩郛印以鉅圖十分之四易之又買古書局相臺五經汲古閣
楚辭
十一日 伯瑜來云傳抵臣入湖州德清新市鎮農業學堂
孟喬來商訂學堂古文讀本仲若臣選三十篇明經撰之得二十
五篇 講左傳長勺之戰 軾 轍 廢
十二日 擬錄賈服注於相臺本左傳上方以備檢證 錄隱元年經傳八
條 講左傳韓之戰 踐 要 食 韓文讀荀 粹 韓治荀多用

荀經諸說之蒙俱此之粹皆是　松江封文權衡甫家世讀書不應科舉自前明迄今已數百年相承無改亦人代所希見也　閱公云　晚雨　看初七八等日報常有立程學館之議

十三日　雨　補讀左傳哀四　講禘文讀儀禮　閱公以所撰丁生哀辭見示　禮老出眎胡重校大徐說文其第一頁胡有記云綠葉黃葉為惠半農父子語　藍筆墨筆為胡竹广父子語　二重本假之金孝相當假之汪如淵　二胡本假之馮集梧　馮假之於琉璃廠肆　至今過錄乃胡屬其徒沈世枚為之　其朱筆則胡自下己意也

許君受學於賈侍中　其書是以證明左氏者極多

十四日 晴 講左傳 春秋左傳 韓文 讀儀禮 沿龍衣 錄隱二年賈服注 看明陳忠裕集其年譜卷上 後證引吳氏說 鈐 康辰科廷試放禮 殿居對二甲進士 觀相兒語辯 欽定四衛同 卯日到任 撿討 姚宗衡 爲世振孫一脈 劉瑾 趙玉森 巖似祖 按 注唯臨壽言中有趙玉森 又有姚宗典 宗典或爲宗衡之弟昆也 接五弟及秦兄書

十五日 講左傳 僖篇 宰告 禮 校 韓文 獲麟解 米恒有田穀梁義 錄隱三四年賈服注 看陳忠裕年譜 杜陀春秋事本末云 祁彪佳 絕身 披淄善南所藏詩卷 罢曰香雪 蓋國初為僧時歸也 晚又雨

十六日 講左傳 僖篇 傳皆識 韓文 祥聖 錄隱五年賈服

注　闻公撰有炳烛随笔，其论礼服缝丧之疏密，语可以见古
之尊人切。荀子有厚其厚语，即今之所学，当指取其中，推见新
理。又此左传正读补广韵义，余亦极精确，足自序，援左传订
说苑之误，语晋平公年未尝至七十，宋尝驳广注氏释之
九语经服耕中之言不十七十而历举，吕君此条又增一证，君疑
语状　同闻公陰治城
十七日　读左传僖篇力毅取正　拜文御说　同温卿往见缪
艺风先生并候体臣、蔡韩、瑞仙三君　泰兕宴于艺林学术
论就正闻公，暨野耕楼长某书

十八日 課兩生書問 冷仙來 為受先說説文形聲字聲必有義之故 受先尤頴異可與適道者也 致三兄弟書 又答泰兒札 家書第七

十九日 講左傳僖二十三四年 紐納已所 韓文師說 先生閒公罷松江有一月之別 梁君慕韓陳君彝甫過我 録隱公篇賈服注

二十日 講左傳僖公篇 與如兮志 韓文進學解 録隱公篇賈服注畢 候彝甫 寫蘆葉詞稿 就正漫叟翅丞

二十一日 講左傳 單子求田 韓文進學解 國子 業

以亭林詩補注 秋臥遇雪遇雨出游湖歎春圖索題為二絕云亭林

林四十絕湖邊柳映春山南園楚地來鳧汎湖人去深隱雨終古蓮堂秋亭林

年譜四十五歲東下吳年少許交游 風知蒼茫老茲坐懷扁舟難留滬 有汎湖圖又隱西州草堂集

嚶他同鷗知雛雨總共虞經國相伏生 黃子作經服錄伏生授經圖作 荘士俗仲齋中

寄望自東至 葭家書第八

二十二日雨 講左傳僖篇有不中讓 隱篇涵證四句

錄種之年勞服注 看方輿紀要序 四月所看 秋所未此為基

秋用是時之一驗 得秦完報 十九日附來京寓所諭

二十三日 講左傳 夫若下公 韓文原道 隱篇傳世傳矣

壹甫云齋有殘破纂要之文其無譜也後云裸浴據此可知論語浴沂不
煩改字矣　此壹甫云齋所書約直以付閱兩生兩生皆能據禮於浴
測為三月精敏可喜　溫漢語余六進纂存亦進高下津鄔覽
姜伯堅龍平周孝楷能伯篇以任渤倩孝和清河陳篤淑彭貴
彭佑仲匡太學陳璟季珊源也　致禹生書　發家書第九
二十四日　清明今年塞外不得與祭中心闕然　講左傳以旌
送書肆以蘆本尋妥送書　伯瑜來
二十五日　課兩生閱卷　觀二禮文園廿卷　與湯溪讀詩古文
箴文刂箋匠有板榜寫紫雲而下龜鑑錄云其世八年某家物

尚未寫也　讀商君書

二十六日　雨　講左傳僖公篇至焉而是　許云焉可貴哉

象形焉種作鷗從風類也　韓文庸葩

致王雨蒼齋仰老矣久一緘　講韓文守戒

二十七日　重裝李林選書　講左傳公侯來以稱

蘭皋自京函寄來石印經注疏三十二冊及食譜

二十八日　寄家書第十　講左傳文公上二年　終畢

畢

二十九日　講左傳　能施新盛　韓文既訖

治秉筆札已入蘇師範優級預科　與宗翁老論周頌韵曾剛

兩老云當以律呂對待之法通之如佳關雎關韵雖相韵齊

土韵文德韵是也因於人有異聲為韵之說原不敢附和

過書肆買說文疑識十年前余嘗為蒼崖氏刻一卷其稿

為莽生攜去竊意不可離諸意以逐中有初草殘舊稿正

理之　興化李君審言玉別十年矣

請為君羅念

三十日　講左傳　整靜　需刊

答治秉書　　黎燨　　夜雪雨

三月小建甲辰　初九日穀雨　二十五日立夏

初一日壬辰　慕韓招茗談坐有盦叟宗炤湘叟立群甫及柳君

翼謀　講左傳　自足香　或　早從日本甲上甲說來也

同盦叟游莫愁湖寺僧出視陶齋制府留題團扇圖為袁香亭

畫從人摹本陶齋題之律云五月湖樓趁夕涼　甲辰五月白試　留題樓景下道

出宣情与上下樓僉曰此李園僧　大令同游莫愁湖程紅都禪　重來湖樓飲讌石秋風葉綴簷

公衡引素寺滿紅溜梁路擇溝樓餘芳草韻華寶拂傍樓

拂佳人底是生為國家如此氣湯陽生心倫偶偶然稍錫名

聊用御人五夏淵雲物也落祠古庭柳樓為瀟湘岡江南頻收來歎

開○修○遼陽○不爾○更○陷○秋○園暮○焰○墮○白○謾○到○膝飢○寒○潮○機研硯詩

後有記云甲辰九月晦西江寓作

初二日 課兩生答問 宋喜以歐陽文忠劉齊泰為問此二語出荀子不苟篇 仲尼篇 高子縱令為國文讀本之一誰來老吾

齊屬補注云全篇凡十九節 得秦兒廿四書 二月二十六日

附來黃君黃縣志書跋 藕史以江都梅毓穀梁正義殘稿一卷假讀並以真讀書人見許 謹處敬章語正可感也

初三日 發家書第十一 講左傳僖篇則居夏多

讀梅氏穀梁正義 其書僅至隱十一年終 題曰江都梅毓未成

昭岩君謂臣云
胡君之十年前
曹漢湖北糧與
地之學且時已
年十餘矣

叢采草草創之能也此十一年正義亦不全皆實行待補攈附
劉兩年謹序云先君子擬撰穀梁義疏未成而卒能刊此學
左援氏正兩世矣卒卒未能就惠矣亟經繼學 四字又說文逸序柳先生大新述
春秋之難也年謹撰於光緒之年謹中時稱其不甘氣相文淵
論語正義此學者也 夜夢心舟
初四日講左傳且謂甚老 時出心舟書記四德遊水詠先又一
年江頭宿草正當眠遊名也翁蒼之忌輕謊深惱靜語此篇耗
京名悲年氣江部地下簡首述學有錄翠而來更存舊掐他生應
莫嘆還之 心舟寄注氏述學前年秋 出語及時何書中杜還之語 頌知有多鷗鷺羣英來

剝膚痛摧君南來復社思收拾殘詩誰憑一軍 神仰懸佳櫂存圖字之寫、

閔余道君名亦未見久之 人繫膝左蕩流離忍把安危川牀看他日逝臺鶴表石

雄文篤謨沈鈍肆 乃言為君作狀、至痛一如安景之於季懷也、兄有文記至今猶當表示尊名、

同窗文儀若生未過 過仲翔薪齋不果言

初五日 讀左傳乘興 校書 鈔校正穀梁正義

禮之言先生手書識之色孫伯淵之駒之犯罷表隨園之人隨至河

未能亦美矣

初六日 讀左傳 坐當說閱 韓文六名 [redacted]

[redacted] 鈔穀梁正義 讀韓昌黎句

者也乃言皆當有出現其處人語況衣為汏下兩為否者賤民為應
皆求之評書而憲令者近因有借縣志之議，借以此類入方
言篇，修譯不苟律也。夜雨。蓋翁畀還我擬去翟含諸稿
初七日　講左傳。叔師來，為　為耆夫人之為求壽文，說氏已先我言之
章(?)　師眾也，而為師長之師，君群也，而為君公之君，其義一也
明家書筍友王家通訊處章衡陽王之傳志稿
明年南遊，我書云去夏擬南游　蓋先還我刻六七年
下午　鈔說梁正義　李氏刻小學類編中有惠氏讀說文記
其說與胡重所錄惠校不甚同

初八日　致星南書　發家書第十二　附棠孫与泰兒書

講左傳　少長爾戲　棠孫要綴車傳足維視之

初九日　棠孫以慈竹居圖屬題　課兩生閱篇

同湯望舜甫謁亭林祠堂　便過葛子英飯亭　亭有石案石依

勢圓作八角形　云非作城以禦據地踞之上蓋踞岩以來道家

方流所為也　重孫要錫蘭來謝忘已稿　公兩文請題王

彭雨樵皆請題饒保　王五翁過我　園中牡丹已花

初十日　講左傳城濮之戰　楊鍇老　衛老同過我

見蘇龕雯谿雯避清涼山歸葉康翠徵亭請屬亭匾額

毀吳淞變，坐石上談兵，師徒日蹶，秦淮役畫，裡風雲驚情讖

事。播於苑，美譽似淵。年深誦遺，輯其事蹟，俾後之覽

者。瞻禮曾文正祠堂，又過顧君貞甫，遵湘莼塘

湛渥兄春宛承為李君墓志書後，旸許可，並為刊勒之云。光緒甲

午之役，陸軍望風披靡，海軍險拒敵。一敗不可復振，有志之士撫膺以死。

余讀李君墓志，歎其死事之烈，不禁喟歎當時柔靡無人而惜乎庸

懦。怯。懦。佐。霸。君上上者能迴君子亂世，投袂從戎，所至有功，剿壯肅

基隆之捷，君隸麾下，斬馘尤眾。甲午東事起，君以游擊領一隊守

蓋平，以眾寡懸絕死之。嗟乎！君一介武夫耳，獨能慷慨捐死，不為粗逃

蓋甚平一戰，雖敗猶榮。喜悅悅者，生氣寫道光中閩中事之綱挽
鄉閩也。山陽魯通甫為作家傳，白誦誦讀，讀者語忠節之大節瑣山
陽陽之文乃益彰。李先生今今山陽也，則李君君刻者不獨李先生
之文而益彰郜。
十一日 閱有錦堆亭仁和朱潛子丞芝編次新而名名者也。曰辰與湯
雲縱債是上讀之題榜，欲仿東坡詠杜詩識齋詠海棠之義
亭外有此兩花也。講語中第三九（原作之觀） 蓋嘉慶第十三又戊辰而亭書
為湯雲所編，會合集凡十一人：江都梁餘真 莫 大興孫應僑 譚章 嘉平
周之花伯 楷 孫仲 棟 山陽魯文鄉 椬 桃源尹琴林 彥録 清河孫湘衫

外祖劉以桂家諭吳澤叟速歸第少溪、濤孫、仲毅先樓也

十二日講左傳成隱、畫穀鈔穀梁正義

讀離騷經 龔甫過我 忍尤而攘詬攘當讀為讓而受惡之讓

非君而受之也舊注訓徐似也王逸序粵乎小子未知臧否風諫之語

非獨為切然仲長論之以為大雅然則大雅小雅孔子所論定也

禮記云賢君子言於詞章亞精而深閱也

十三日講左傳麾風旗綴 從禮記借東原之戴說讀之攘正

讀讀戴書方域注者七卷為域直攘者二卷為域書義者三

卷及十七卷先儒辛卯廣雅局刻離騷補經是雪修正經叙

王逸序云武帝恢廓道訓使淮南王安作離騷經章句言起於武帝

時與　曾文正与李眉生書甚雅七日秋夕之月畫篤儒求之所自出

檢不礙通致乃知柳子厚文也柳叢隱振霓子甚雅七日秋暮夕月

潼郭邨志朝之日夕之月已文而爲之者文正飄秦書之際引之

卯泰兒初九日第七書云初八有第六書由民局寄未知收到遲之

也兩三日第十一隲已收　伯瑜來收泰書与之渠通正者説泰札

閱海岱已畢甫又閱馬言有喜耗之感前書久不得復云以

是否

十四日　接堂以花一束送余甚妙　北路家書第十四附伯琦致書

得初八第六書言先君第二函泰光一函
譯緯文 譯佛騷例 寧如初非後初唸集時基安
若[redacted]其若交毅之長子之弟名寶若 非案言之一所暗之義
史云旃酥劉向年譜已刻 暗弟北史之豪健楷書
鈔龍璩函之義
書 藏儀因秋毬三首告顏衣三件 並第十五書 內云收到第六函
譯緯文楷 楷方工 左傳毅之義
論語思過義 讀文楷下云秋分而秒定不謂其子秋之義
致疏唸研之義為一織 禮云樁觀衣御用文繡山水

十六日 課雨生答問，為覺生擬《滿洲以後始興佛道說》，瞻閱《周官》，課士不列兵術

二子來，導之以殺此句。 同湯定之過王叔向，候鄧吉甫，登雞鳴

山，山有樓名豁蒙，望武湖，看暮雲，歸，夜上書

寶言又余前頭有遲字心蘭近作，因為一詩屬代通之，寄示島

觚勉之鳳皇臺，從陳李吉甫陽，作看往句，光神往遠聯，傳雪片

水邊。詩律料應宗錫鬯，劉材知遠落滄浪。風池為我織憂意，

要苦珍臨石子岡。 湯定之我輸一缺館詞，雲儀秦云明以芹範

今日繁又誰知前，日暮之樓莫孤負，一杯酒 右定之錄

表伯勤之弟經雨傳生來，告宿屬初級師範止耗

致嘉安書　五句追宗高郵諸君文正覆李眉生書　六箋
列無人門子右列無人閑子右段玉裁詒標目注書作子門右子閑
右
十七日　講左傳　案昔古樸皖　致邃蘅作序蘭宜手一緘
十八日　講左傳鄢之戰　夷克　無下　九錄之九省爲虛哉
諸作及書　稿檢李中唐　昭楊節堂　振麟　鏡古碑記
宋之　答戩　荀賦之事而作叙之漢書出藝文志孫卿賦十篇　今荀書
賦篇賦有五七處楊評子條遂劉子改校上之第擬賦和之篇與之
因舊誤以漢律志士服之舊而又嚨胡其說叙肯之誤此[illegible]篇卒未

推測楊氏微指之語一是夜以學志殿和課業剖析推陳不至合并
遂甚少藏以係專替君君當甫精意萬學揭之有所定也
殿和之篇校之時代處推論碑之說剖析條至章句通之訓故
仍取舊書及數學家之參錄互證銖銖一貫推是楊氏之企望
未處獨居今千載乃推尋話之宜至釋疑振發者遺楊氏不可以行
星列君之本學周紀元和論之所及見也尚未原之語釋疑讀以傳
志氣謹之人今君啟之具而積綿而新願得論海內學鑒大儒之
賦與居並時列君之功不淺至難所望
十九日 講石經 顧燮識望

題宋之蓉竹居圖　望中佳構起崔岑。彷彿香山次瓦獸青岑。

千古才人餘錫類，書蓮家世浣花如。圖取杜甫（小詩之意）假　出林青牖[illegible]

張簷乞筍當空香，猶是吾家宗。（叔）為封（侯羞談）揚華生涯長似蘇山

藤（五字林詠班管，遍之生涯張居筆札相當芬蕙閣君編著室讀）左光名孝常老藻，擬向南中乞雜

梳、蔚、研、詩、鈔、仙、生室、人、外、編、筆、譜。長沙梳堂髮編、正書蔵

江淮俊少年（君與余同受知長沙祭酒）相對長飲墨態猶未妨雲袖舞

斑連。宋公初刊長洲葉昌熾藏書紀事詩備載

伊其（圈）書中有擬為秦觀課其子挃之議，學家塾已有畫僮不

能令往也　汝今過我云將遠游

二十日　講左傳　芳令又來者　蓉生贈我江甯紀缺鐘詩

一冊　盼之十六日書　吾弟贈我爲黃葉山莊水圖

二十一日　發家書第十六附壽泉函　寄仲安書附去李申耆董子祠碑及神

位記　講左傳成象篇　鈔穀梁正義

雅案之處兄劉延甫詩運思遣語力絕不逮詩界中豪傑也吾

二月自金陵歸偉閣集賦云江南酒好千鍾醉竹閣人歸多向風

荒家也然其意綿稱花不與多陽經危葉氣類成故不知安食

能頗交譁穿形雨籬健兜溪識語垂衣譚笑酒何娘素來部

道語圃樹稱有素心入酒與是野怪屢承爭市地无涯扛嘯義告

时桂蛤玉食任无数石华库通帝所私人代寥寥阅眼者断家
斋楼晚江炊晚雨江川次家之江川原指并云可云残壶惘惘又江川
微雨侵晨一棹孤竹茶云叠山腰烧菰蒲风压水纹平漏舟欲若看
前村钳市外花不用名一自沙头缸月过青空犹咽抄音中穹
二十二日 讲左传 易经 董布 温穿为我买帝乞远南宫
诗 遇案章谭祁止祥诗事 钞谷梁正义 飞骊轶
二十三日 礼公为国文研究会属余序之曰文会者求乎群雄论诸首民
之言者也吾言曰君子以文会友以友辅仁之至论语辛萃兼十词业面指业
和乃所以磨砻而成就之而为群众是挥润天下地经纬之道大而金贵

違道之困窮也顏淵仁乎仁子貢知仁子路勇仁博文之語子路與顏回同
子貢文章得聞說爲語子路有聞聞聞文章也論語聞字非義言學
言文之仁君子之章語流別言經子之書而著之四文之名也言也有引者
也五而四十部皆初祖儒籍所源重要而代之義理典籍莫非之經
而其言也所聖人之教人人之所以學聖賢其教術無歧著者是書
孝經聖人之行也春秋聖人之志也春秋正名起語卿大夫之孝經述卿大
夫之孝禮曰孔子之經言不離道孝經爲孝春秋爲商子夏書
科文學宗雅詩禮以下權衡於周以堂律梁於西河穀梁子說經
子夏之業蓋出荀卿蓋其師而錄所訓曰我其如據正名而已又曰吾

至六朝之蔽，闕不設王道，不亢，厥後魯學樸熠，荀尸楚演，荀卿

痛秦禍之所嬗，周文之浸微，輯尹思法後王以繼先王，極之以勸學，辨

之以正名。如命辯說，名之大文王業之物也，者大共名也，推而共之，共

則有共至於無共然後止。鳥獸也者，大別名也，推而別之，別則有別

至於無別然後止。以此說名，學者雖無定說也。今尸子閎奏

秋學君之蘇，勸學正名，名居正緒。蘭陵於是叢王帝，居異名同實

之論。聖人亦能觀在之神情，緣之以學，目焉遠世家，孔子列傳仲尼弟

子，周末六國大儒，獨合孟荀為編，荀承子夏，而孟承曾子、子思者也。

子思傳同文，先於同論。孟子論詩讀書，而論識之鍵，蒙厥惟不以文

實難不以辭害志意。又謂墨子在孔子後，其徒亦儒者學於子夏，其說也
經上篇。平中國方語語言屋語說細，況與秦召制造象之纏執樂處。
而起推敲，經推正以歸，終為雅話大師。嗟乎，言道極推存誰之叢極
推墨經，而皆造語觀物，要處所者。然我中國三千年黄帝之靈
所以矯左右不當說謬者也。春秋之例，寓者外為主，寓者以寓內為
志者爾。今之下競之學者競言舍己之學，而寄吾迷領，挾矣送的為
轄儀。費莊吾律歷，未張春秋類別外內之旨，非有所加也。全能山
蔚先生，眉之鄉江戴金程，遺緒，尤抑而發之，推其郡殷經奉之
書。春秋猶據未忘，為人，中國人也。不能讓中國文字，因以推尋中

圖書之知識之道若斯已矣，安用此更當上曰生意及生下為哉。章□

目錄學而知我藏，圖書圖學藏而歡同。湖生思，說更詞述之者，

從事於本指，圖此其秋雨志之條，嘉某圖書研究會，同時江陰繆先生、

長沙葉先生、東莞陳先生、松江張君、興化李君、懷寧黃君、江都梁

君、江甯程君、金陵□君、□參而庇之，而因錢塘徐君實擬凡目，識之

庸陋，遂忘謭陋，奔奏以成編，附通人未竟，而致挑閱之傳依部

叢之校。至論為圖理學類目，由農知人得之君子，蓋將有樂乎此

也。昨秋乃快而清晨為此序，故一以充贅也。

譚承生書閱

邀老自儀徵　壽安自揚州　以蘭自來寓閒遇自松江來拜一晤又

阿泰兒十八日第九書六第八書由孫老家函中遞來也

超書附錄孫蘩書中書附錄黃札泰兒書附上課言并詩學

通論詩遠疏各一冊第八書錄亦至今日有三篇課賦一篇

揲序一通阿泰書又一通也

二十四日　讀左傳　詹難雜律　發家書第十七　答杏樓書

二十五日　讀左傳畢　上江公學建造完備講文括結款

講堂操場兩操場極寬大華齋舍尤精良豐潔

信澗亦一一昨宣同觀為太倉經衢甫

二十六日雨。讀左傳舊疏考正。

得蘭丈來一書云暑若係時來寓可否賜札讀之

閱筠甫松江函為我覓平津叢書云奇林遠書屋書拾

補讀累存義又姓錢邵貢壽芸叢編

午後閱南翁詞藝文印堂渭居叢書紀華三公志錄稿云

當收入碑傳集補編也滬上高賦章為藝文詞話姓之振因

述去年擬為譜系改名時文極謂好且以經文考古錄見示

嘉定王順丞鎮江志文有藏本許借讀也

仲威來廿四日書又雨屬書局

二十七日 讀仲安兩侄函書 講左傳 屬臧駿承 孫文定戒

期文 發家書弟十六號 函閱勝所

二十八日 講左傳 錄中宗徒 講韓文論語

題魏文侯窗讀書圖 非葉令陰鋭觀臺 蕃新題廣墨華

錢辛楣書堂楞白蕃新 函張子厚芑薑詩三元 傷家十[illegible]擊節[illegible]往 執筆親為[illegible]之人一事 [illegible]

[redacted] [illegible]朱郁[illegible] [redacted]

[redacted] 張康[illegible] [redacted] 篆 [redacted] [illegible]年 [illegible]先生 老遠水石蒼清灋槃

出治執 [redacted] 案 來幾淵不墜華[illegible]不殿局陽何事攝川國 [illegible]

記至理 營寶漆抱轟然祥 神物俯瑆迴武槃 我擬紃[illegible]作疏

諸升階先拜魯雲先生兄先生語及郭果初奉蘅為魯殿
圃先生極稱余說

蘭甫廿一日札並依韻和家之云　曾文正風雲新知舊

轄學時備冀隙荊國里君實倩史蘭甫等之長二水洲邊芳脈之

之山海上任派之譚選爾道宜其薪撰然後讀且陽湖

於家之所見劉桐城　禮文楙共閔翁談至應和禮文根抵六

書九義推重經理以通之萬物故能造語卓絕至論目選書為

春秋之學太史公所見同余因以史記為序本六藝之世說選之家

貴之說余因選書決不能千年為許書著子長為史記之殿

樞堂乎余閱之都遊不敢書其余閉戶私造師從達人論之

康軌深得如也　公受算術於劉融齋　因過融齋論辰大元翰詩

有句云離穎總脫王難留　倚樓揚眉世詎宜　和予太息久之　閱

翁又述融齋論蘇子云　縱橫南華而道似北齋柳語亦實錄也

閱笠翁書及見融齋扇

二十九日　講左傳　蘇權捷蝟矣

蘇文有垂虹橋畫圖為江陰詞人蔣鹿潭作也　後題一律云

蕭條三徑勝羊求　白綫重澆憶舊遊　蘇老賦蓬瀛詞記江上事　細雨

更憶飛雲閣　萊死雜注　多才直與命相仇　花間當祖春蓮

響此地僅維白石舫　我來題讚雜橋川　學雅儒為瀧

西溪 緣溪蘆多見花故稱以傳

回憶雙諸嘗北花非花閣，閣有水榭，北花為我歌牡丹亭長生殿諸曲，從有二家，吳之入室弟子，又以簫笛和之。瀏目壬午余始將全情，乙酉乃畢北雙閣段雙與素農先生話舊秦淮，獨奏雅樂焉，付梨以病不得與，越之四張三十年斜陽氣象，一掃姚蘿峪春明，燕綠柳在蘿閣，西泠上春風水冷冷云，一小淒景也。雙乙丙時既云韓猶朝道錄，審集中有風壺北子臣蓐羽三首甚盡話之佳語

鈔穀梁正義

四月大建乙巳　十一日小滿　二十七日芒種

初一日辛酉　課兩生會試　鈔穀梁正義　芍藥放花有朱紫粉白四類　居與景之參酒呼之一週　禮之去庵處拈鬮信

初二日　講左傳　陸戰

宋三三墨書前韻寄蘭宣云仙李經傳撰漢碑〇〇曾用垂白重山陽〇〇偶先生左據寄家映瑤君先生詩黃門垂白雪眠陽令先生瑤翠地望為鄉里不殺翁家風文采起潘岳〇〇薄宦淹留似伴長〇〇游阻懷麻情疑〇〇時過之山看海底〇〇滋滅好作鬱田隱〇〇鷹和遣貽華子園〇〇　為其來二十六日書　因閱易過書肆買易本

周禮儀禮　候之執文山石刻並為編卷三十二有元延祐追封吉天英父

碑云府君諱祥字瑞之其先家滄州金泰自其高大父始徙汾西故為

汾西縣人按家譜云宋末自汾晉南遷與碑不合

初三日 講左傳 必虞 而旨 閱 亭 鈔闌勝碑 補讀魏書

書六十七 六十八 六十九

河水經天積星辰氣霍山鎮地多珠玉林 率楣先生撰聯也昨於蘇之

新見之 藏皖劉向年譜刻入積學堂叢書

初四日 講左傳 宣 尚 曹桃 帚 底丁

得泰兒二十七日廿八日十書並兩公書 得吾樸初一日書又孫節

書 得仲安初一日書云慕一文稿未刊

看魏書七十至八十三

初五日 雨 講左傳 相思 吉徹 發家書第十九 看魏書八十四傳 林傳 校補溪氏改正錄二條 講韓文後漢三賢贊

初六日 講左傳 殽善雖廣 翦寄來所命交致蘭亭書 講韓文諱辯 看魏書文苑孝義良吏酷吏逸士術藝諸傳

初七日 昨午雷電雨雹 講左傳 晉進逆詩元尹

禮部議准曹文正從祀孔廟 鈔元至治追封吉公碑 其嘉靖云天英保衛祝聖之年 柯亭翠峰寺碑記 為進按此碑記未見 當從前文緯殿證之 看魏書九十三 九十四

宗說寺碑在翠峰山、順大夫河東山西道宣慰使司副使嘉天英篆額

初八日 星南已過來家書第十一 遐庵來札

讀雨生齋閒識

初九日 講左傳乾坤坎離 天氣雖熱似盛夏時

初十日 講霜降 午後雷雨 讀六一居士箋往暮湘曉江

中學調查學務 發家書第三十

十一日大雨 講葉芝 論語注語二章

往居養餘選錢 看汪四校四書切切義補正

十二日 講左傳 東萊 再御敵 借閱翁覆善餘棗言

二兒來書云已到頤 即覆兒初四日第十二書 並閱碑稿

積溪文爲中公第子段

遜公昨論案卷詩云江南江北湖雲山照 南省三葉王有江南之云云子 強著術今李西之直新淮

高大振之衣讀易文三易經例後內論云三達錄西可淮知也 衣簡也

在閣齋 云云來共王勇齋吉服先春院早兵 難得中人處

西陽郎 齋源回眺在題城

十三日 講左傳 安頓蓋京 類 還書名氣文

十四日 講左傳 暴露 醜蜀 昨與閣翁遊書肆 買得許

氏山縣經纂疏 李中孚文集 黃文正郭人文集 議法策言 左嘉隻

錢定序詩 施北研金源劄記

十五日 附輪舟至鎮郡見二兄快談一切
十六日 詣壽字橋拜掃高祖及祖伯祖三塋
十七日 詣西庫山拜掃曹祖及顯考兩伯考塋
十八日 登金山拜蘇文忠像 為遊歷令 附輪回甯
寫上母親安禀 請二兄寄歸
十九日 晨抵下關 雇車進城 呈高六舅葛烟函
印泉兄第十二書 又致沈子蘅峰弟書
接雲台遞寄之兄玉君函及
二十日 書家書以寄 二十一 上二兄安禀 附復蘅峰書 又上張

師書 即泰兒所十四書 並錄曾文正日記一首
仲我先生過我 述曾文正稱金亞先生 陳云先生常亦康江
海上雲士風流水石間 識蘇
試驗兩生課程 寫碑 講字義 先為勝 講論語 對王彥先
亦為不善 愛先生問 十年十二又 爰善問善 思問此道解
人也
二十一日 講左傳 晉元年序義 講論語
二十二日 課孫生 說恆 鈔穀梁正義
二十三日 講左傳 至元年 恆卦 題為煙雨寫貫華山水圖

說欽穀梁正義

二十四日 讀家書弟二十二函鎮稍 讀左傳事事對同讀

武成甚 讀弟所正詩

絕芳生白門烟柳接春華。迎送多君念茲年。十載素心同業嘉屢

老。和逢嫩說舊生涯。致工一書同開化。勤學孫西衛中興。錄予詩

客美文字。辭香真今抒居隱。（君客東壽考願以作生日今姑書之集又提筆記三首寄之也）

陳柳多經讀雅頌。（記成文會）嘉樹後已觀鎖嘴。朵專溝畦條衛巡。共

勝風歲穫雨亡郊。二兩我二雅尚陪我壽。學問江左看誰如。（周張漢經）

驚此不老濡洋洋。專以轉針分劉正興。（君為我之貴地劉君 劉子政事表）

二十五日 讀韓集符讀書城南一首 左傳 蘇詩 精讀本

得泰覺弟十六書並臨顏字一帋 寄王瑞臣周芋野聃諸

二十六日 接家書第二十三函 續講 左傳 流覽 陳介

韓文張中丞傳後敘 得壽卿書

讀陋軒詩

二十七日 復壽石書並錄四首 并上嵩年幕府陸宣魂祀与

吾蒙英君政理請於州郡閩宣泉分俗來 彼史者正幕府 楊孝廉詞義

蒼玕君推量尉 李申耆瑤花 撫胥犯成劉英語振寶先生李懌處 錢衍石道

悵洛倉議白寒樹 君宣王父也 信派詩奉叔張語啟縉新程甫語第庭

有樓飛蓋有嘉賓補圖風景近如生中無雙語亭臺說夢

於今憶二徐（詩話 蘇竹 昌黎）語向瓶吟世莫知識看穀鏡涵新詩雲

家莫矯多顯者[illegible]飛合[illegible] 芸[illegible]（至西[illegible]雲家 詩 [illegible]詩[illegible]）

請看傳舍及驛殿 仙蹄遥在 諸春葉亭來

涵齋集中言及雅雲家者凡四十九首

廣西經途兩山無寒維艇一蹄攀魚涌襟抱龜龍際況載葛雲

沙石間最佳千載濤白日風聲當此撲朱顏尚雲亭上人微醉坐看

江帆前客綠遥雨臨山清鏡蒼新紅窗極高曲闌秋訪雲飛近郭

公墓瑞月莫傷泉楊子津絕謂於今無馬跡上山 萬里侍人騷馬興襄

不聞有漁人誰知勝地仍攖甲喝角鳴ミ憺客神 野人過金山

寺詩也

二十八日 講左傳集注定安理周逸

讀周禮 鈔穀梁正義

二十九日 課兩生兩論 讀周禮 鈔穀梁正義畢

三十日 二兄自鎮來一札 講左傳隱閔皆畢 析

借閱老侯蒓丈蒓風所藏書 續記四書合刻三十六卷 大學中庸或問

二卷 昨從杭福建監察吾澄校刊 澄不知非宋宗彼謂也

湯氏南唐書注馬書 周氏南唐書注陸書 周櫟園之子 毛雅黃南唐

拾遺記 陳仲魚續唐書 韓記我子録 以上諸種皆蕘之閣公所

有者非同書僅見其目無傳本也

讀新唐書張許二公傳乃服韓昌黎張中丞傳後序之所記也

瑞安師江陰張中丞廟楹聯云男兒死耳後矣言君論唐室

功臣四百戰勳若崖孫李郭 父老談之猶動色歌顏揚州都

督儀節年魂魄永鎮江淮 顏呈師鸞元春師屏通主簿嘗差

往杭州已是錯亚述口記物篆凡千人忌所差多張中丞同列忠義傳人知

中丞之張巡不知其明有書何也

又下之后雖近詩花第入者常遇銹州廬 瑞安師名師下斜街寓所所詳也

五月小建丙午 十二日夏至 二十八日小暑

初一日辛卯 大雷雨 講左傳 予冒 道關 鈔劉向年表

初二日雨 鎮江說君來華來遊至三兄手書 即寫諸函並家書

二十四樹書件託說雲函 致蘭宦書

講左傳之保銳封 鈔劉向年表畢

初三日晴 閱左回擬記 講左傳 錫永非樹得 鄢陵之戰

左氏周古用本古文學鄭君注周禮說以左傳為尤多擬輯為一篇

名曰左傳鄭義述

初四日 講左傳 愛徵宜擇實 輯左氏鄭義 校梅氏穀

[illegible]

梁正義

初五日　借盦喬游治山　同雨窓老過書肆　得蔣刻馬陸南唐書

又曹文正詩鈔　拙尊園叢稿　寓言觀之頗極心許

初六日雨　課兩生左傳天統　錄左傳鄭義天官一篇

春蠶起如蜀都楷楚客弱人加發天憚　此曾文正游金山句也余

昨觀玉芊又經新造壇擬集此二語為楹語云

初七日雨　講左傳　孫營購寫遠推　輯左傳鄭義地官一篇

初八日講左傳　紫歸過亞詳順　得泰兄第十四[六]書　示二十三書

未刻　輯左傳鄭義春官一篇　此一篇日課多

初九日講左傳　左革瞎厥厚獻　粹訂鄭學體笑　廿讀用

莊子驕稚數事　輯左傳鄭義夏官篇

初十日講左傳　孟起節　器旋　時溥扭初三日書

輯左氏鄭義夏官篇　初呈房衆也　昭壽安居書

厚先來問譜如于文　朱公此饋鰕多　首斟此易詩何揚詩五當

何鮑譜　壬森　何壬林[redacted]之額閱府曷為所謂

國語中引禮子曰棄義　四利此物國之害作也　錫與。害。作。二字。連之書

此。春。日。厥。初。宅。　此言子亦有出部合此害作之文　然此言子目陸人居

詳因書　吳衆祿害為作如違文　去年御史某以謂日本寺用居

往寄作字與本漁室十六集議稿未之改也
十一日 發家書廿弟六十五 讀左傳 讀潘漁氏匯箋
發書與五弟泰寬第十七書 初六日寄 並臨唐陵李君碑一幅
畫叢自鎮來 聞司寇但過五蘇局候訊 登陸時君潤生推
探得唐元陳君善甚美 女居少卿 當是邑人也
十二日 ● 晨起 讀左傳 隱遺讎刑遂 蘭官來札
輯左傳鄭呈義秋官呈論
十三日 課兩生會閱孟子精義川夫兩壓之任 夜費閱廟買書
若琳招同兩宗但及二弟甫習業課 莫談

輯左傳鄭義各官篇 凡二百三十餘條

十四日 講左傳 修禮後井振 早陰午後

十五日 講左傳 四塞雅寵。史記屈原列傳 晚侯啓同舍黑

過寓步月至治山學堂 香帥招瑞澂之命

根本戒四門學堂有人為禮內議之之 禮儀三百威儀之之

于傳先生非宗魄七十 雅辟魄若千 謹案貴劍有並萬累海所私也

擬題 春又養若男子冠者五六人童子六七人

十六日 講左傳 遠城萬瑕之臺 校左傳鄭義

十七日 講左傳之神祇陰陽 陰陽之言說 疾空

泰州錢經禹來　寫左右泰兕評正三顧字仿本

廿六日講左傳　藏　皋朱來　梗　臻　環　拜文正公磬御授

頌孫來評語　同秦兕以第十八畫　十二日　三兄十一日到家

廿九日下雜雪雨　講左傳　孫葉卑　處　叢　登　拜評嘆

批叢書　讀拜詩

二十日雪雨　課　三兄先　長兄先　歸　責又吾三反　合論

閱前來書　孝先　受先　●　來　問　讀文　受　尤善　問

二十一日雨　講左傳　圖　析　士鄉　魯　裁　叢　家書寄第二十

六

光緒癸未四明范氏刻巾箱本全
石農書目有蓋
鑒湖緣小編二
卷此非巾箱本
蓋原刻也

二十二日　講左傳　閱官卷畢宴　偕竊雯過書肆　以芸初
精槧刻尤西堂明史樂府　馬徵慶夏小正箋疏　陳子正集
二十三日　讀以求闕齋讀書錄　董秉恒論小篆　唐許渾雍
陶陸龜蒙薛能諸人詩　又西堂秋經集　何野棠公翁
讀左傳守負寓尋風
二十四日大雨　講左傳伯仲歷樂排連
昨過書肆見一貞硯齋人攜通志堂經解儀禮經傳通
解及王羲之筆陣圖　惜忘之未問其姓名
昔家書第二十七　致袁芳書

岳雲文　五二

二十五日雨　講左傳同假借代略附助切勝

讀許渾詩，十一卷不知何人以朱筆用宋本通校，重前六卷

烏絲欄宋本不題日月，云：增廣音注唐郢州刺史丁卯詩集卷

上，又一行云：刺史許渾用晦撰，又一行云：信安後學祝德子訂正

此本為金匱許雲虞所收，以三百錢得之。十三日獲書之，寄

孫記是師。卷六七律第一首金陵懷古，批云：建國偏安

俱因豪華致敗，宜請後子千古一轍，諸君皆賢子，惟作祖差

[redacted]英雄。又云：凡批語以○別之。據此則批語為國於人筆未

宋本通錄宋本者所為否也

二十六日 晴。君往會袁池甫和

記家言買寒齋書。午後大雨。要焱俁論說文答書甚深

甚助讀趣

二十七日 雨。自夜達晝。課兩生畢，閱寐窗閑(按)甸齋金石 其劉

並□造像記有曼丘兩姓云云。按曼丘當即說苑所據云

丘姓也。 世藏文以錢侗荀子疑異見語凡百二十六條見君道

篆翻彭而棄譯之而作。西昨讀釋詞本 東雅堂 春秋 劉

所據云懷芳本不佳，近翻山倉擷爲意盆錄諸本出而出考子

見本荀子。按今本當作錢所見本，是楊集多用荀語頗

弘律本亦無此條仲耕此書詢之黄也盧抱經未見從
異郡而集下亦不載異文
遞寄手札
二十八日　讀左傳　校　毘邑　嘉　亭郡　揚　補左傳鄭義一條
仲文過談述皖撫遇刺又述黄文正撫粵隱事云范希文先天下
而憂憂矣一時曉議其君辯為何人所賊往今西世傳悲
讀史記日者列傳賈誼為博士與宋忠私往論議誦易先王之
道術道德不義[illegible]通易也又稱先生曰目易老子之者賢大夫[illegible]
學長安通易經術黄帝老子又稱讀書傳林

渥變詒我壬子秋禊集印箋

二十九日雨　請虞侍　劉東　劉棐　沈旺　韓文原殷

釋洪範沈潛剛克高明柔克

六月大建丁未 十五日大暑

初一日庚申雨 講左傳弭兵之會 壽臣鼎等

夕霽 同窗嬰德嬰游治山樓 歸萬年 以歐陽煜印〻銅質

廣十分寸之五 高三分有鈕〻高廣五 印廣高同 刻文精好非近

物也 窗嬰為余紙扇作桐窗話語圖 圖後為印跋 指後方

碩突文云 宋有歐陽瞻 煜或其倆中也 明史儒林傳歐陽德謚文

莊字崇一 嘉靖二年進士 為王守仁高弟 目業南京 依講學與鄒守益羅

洪先年講學其中 諸人號亦修王學 迥文多識 刻印集於

明時 印文古雅 煜豈文莊之族人與

初二日　講左傳僖卒　計賦　雨

初三日雨　講左傳　只兵簡須獸厭農器細錢歷乃

初四日大雨　二兄來札云五月二十七日得一男庭階芊芊玉可嘉

也　講左傳　君命　抑萬至攜

初五日　窗暨往鎮　課雨生論閱　叢談家書第二十八●

雨　讀禮記坊記　論衡處語昨黍順設殺龍電歸商來時講

瑞論論衡商來云古雷風氣之所生蒼虞類之龍風雷乃風之字取

氣雅風取八白西他生許君風字下說解與之正同此與自然者

為之者虞類遺字本義之僅存者

初六日晴　讀左傳還後交因國夜　讀莊蘇文選樓氏穀

梁正義殘稿晴暖君嘗筆蘇文出述書鈔之本下卯

節集乃叙任安祝德子鈔者振之人也能刻宋本云云者乃

閱非人以宋本校説本之書續讀蘇文殿鈔本覆勘

非蘇文所見胡家正清劇記至卷一圖馬守真湘蘭云冊

凡八幀水墨蘭石四幀題云自是誰教人不讀種他紅樣

閱此字芳三幀題云房須君子折佩裏作芬芳

初七日讀左傳　先氣含　舉　備儀編

同溫安文曾巫雅黄熊湖　何季兒初一日書並寄寶樹

治喘方 大熟地八兩 麻黄三 沉香三 蘆水炒 當歸身二兩 白芥子一兩 棗洋

參三兩 冬白术三兩 土炒 廣橘皮一兩 鹿角膠二兩 蛤粉炒

款冬花三兩 製半夏二兩 桔梗一兩五錢 杏仁三兩 去皮尖

右藥為末 水泛為丸 早夕服三錢 開水送下

發家書第二十九 答子貴書 又蘭崖書

初八日 講左傳 畢 晝 舉視 筆墨 設閱荀書

是日舅自滬來 唆錢 鮮荔枝

初九日 講左傳 神識 常信出 同雲之丞游學宮 書帝 明顧

陳君輯詩補注來 述讀書志 疏板村集 陸子樹詩 又[illegible]刻本

又有寫本陳留
劉峻晚甫考
讀記鈔一冊
未見

晉正儀事類賦 又藏書鈔晉書一冊 其子目曰傳暢晉諸公讚、

臧榮緒晉書、虞預晉書、干寶晉紀、謝靈運晉書、朱鳳晉

書、徐廣晉紀、曹嘉之晉書、鄧粲晉紀、荀綽晉後略、劉謙

之晉紀、沈約晉書、陸士衡晉書、一附晉藩文一冊 摭錄者王玉台

甚雜，諸家晉書，如近世湯球九家之晉書之本也，其

藩文一冊 晉 黃本 採補晉書藩文者，草黃本書法勁秀，六之三

鈔本一冊，非唐人虞預書，乃書目載有黟湯球九家舊晉

書輯本，此其所收落過湯書者

初十日 發家書第三十 讀左傳 南潯先居劉蒙

野乘　看蕉窗鈔晉書宣宗以下諱不避疑爲乾嘉人吳某所
輯之餘據知當記蔽之類原依世說新語三書者多關引太平
御覽然不備也惜乎兩以摺錄者姓名

十一日　講左傳畢　敬修來

十二日　課兩生答問　孝先受先講讀以千文畢

看朱述之讀書志

十三日　講左傳　若稼禱來華　看朱述之讀書志活樵村序云
道光中每冬夏日與述之晤於文廟書攤及石渠閣論要
文廟書攤所余所買讀書記及樵村集處也零中者矣

十三日晨起御頌所嘆息，兩先生遺稿有人手錄於乎

先哲所孫遂之也，徘徊而物色之。兩先生我亦莫忘於几席

也。春已有讀達文元年宗閏四錄一節，考證極詳，至為趣甫。

然有鈔本云自識劉氏經鉏堂所從此本出也

十四日講左傳 知微謹嚴 過書市得周櫟園書影鈔

甘亭小讀鷗館文集 鍾東浩 玉臺新詠箋注

十五日講左傳 錄媚 諷讀訓請 讀周櫟園書影凡八卷

未知完否。卷二杜鵑花 卷三鶯鸞花 卷四訴梁酒 時閱之

郡書加 卷六我巖人閒宋哭字七川 輯有所三百年布衣之

五二

詩曰布衣權至今稱設非汴水與潭老人張文孝家有副本樓

布衣權三字甚新

十六日 臨右行霸圓煌妹煙邊 讀史記荊軻傳荊卿好讀

書擊劍為人沈深好書皆史公語模荊卿受漸離筑而皆妙

好名漸離先上林賦筑是先有矣乎

十七日 受先以黃杜湘的荷花詩余 羨先詠之云 黃杜湘花

傾城知稅未雅有清腴味僕僕羨顏色白稚雪静如處忘

六月時僕之字為余易姓皆羨本也羨熟歸詩此詩

墓碑碣幫行書 臨右行明元年 魏鍾繇賀捷表明天

吳南云叢陰子
遂有翻刻本此錄
宋ム如僅為乎

年譜稿子之難 察姓僂羅

讀論衡須頌頌至難篇

十六日 講左傳宣公蔡征 讀論衡語增至藝增作

過書市得潘四農集一卷 集中條陳作子知蓮補遺 孫穀令

訂拜鄭年譜 又有叢陰序子一冊價甚高未能購也

十九日 錄鄭生篇 得康兒十七日書 九山東十 大松山前霞段山房之

十六七八九四書已寫可刻 讀論衡自紀八篇出非書館尚

館小臺百人以上寄以過失 祖詞 夜以書貌以難元書日進文

夜過朱孟書院 觀翁師學論語 書書四風午要經則德就

延師而專門根究此文可以證所謂學制八條入書館習書
一也館容百人以上二也有過及課不中程者夏祖請處數三也
有面勇於先試學業者許令超等受經四也經必背
文可也經所總就及延師而專門六也元語詩擬就
是書中所徵述者輯爲諸論主義
二十日 講左傳繹疑擬年 讀書論 達暨解序
案言語條皆不詳諸說如概零云務而臨書了
二十一日 發家書一第三十一 講左傳 屈完庭虎
接家兄一第二十書 附來叔南書 介倉招甫

雨　講〔宋書〕昭十三年楚靈王乾谿之難

宋翁傳注劉以唐代長術

二十二日　講左傳畢　尋閱堅篇　讀論衡逢遇至譴告　別通云收狐長史務至大夫高子也安能別之雅別為論之東子至為人不別賢否者也　國邦說論諸家但知引論衡以證舊讀而不求至上下文該全書義不乖甚之言治經之難也　玉元堂推班說班氏語語之字出推其音理之此文之高下真知得要本也

二十三日　講左傳　元蒐飾硯憶　考實之讀考典八年九五以费

從為長 閱公來書云去秋頌來甯 禮公自鄂歸

二十四日 讀左傳 讀竟 季寵室

二十五日 讀左傳 竟 林擬授揆

二十六日 課兩生畢閱 輯帶錄兩以存古學堂叢稿

二十七日 讀左傳將以釋尾 下午雜作寄楚善積涇郎

涼故也 夜大雨

二十八日 頭痛神倦

二十九日 痛倦稍愈

三十日 發家書第卅二 午後大雷雨

七月大建戊申　初一日立秋　十六日處暑

初一日庚寅　溫理兩生課冊　輯論語王充義

初二日　聞朝鮮近事感詠一首　帝號裁聞議一周不堪重罷秦宗秋楚氛禍已萌兵會韓社人偏契鬼謀鶴鴕[redacted]春外史參漢惧怜類叛經中州最憐閩子生有舅若懷乾象仿亨

隱順經書常見一字兩人聞說互服
本聞子固孫淵如

溫理兩生課冊

初三日　溫理兩生課冊畢　凡五百五十餘字　輯論語王充義

初四日　溫理兩生論語　宋書選戟云近為袁江南賦補注

初五日　溫理兩生論語　讀老子　溥泉伯貽書孫仲容聘爲禮
學館纂修云錢東譴度出之阿之蕺撰宣武朝傳遷劉芳之修正
著非仰今爲天下式不折出世業莫過於蘇
初六日　溫理兩生論語　過宋言論左氏雜義
昨夜翻愛新讀兩晚讀無暇熱
初七日　張閬聲自松江至　發熱仍困臥休息
初八日　閬聲示我陳仲魚續唐書書凡七十卷其列地理經
籍食貨四志則武林義烏所爲也仲魚自爲詩題後云唐
祚延年六十餘舊名五代僅刪除河東自晉共和北江左還應

季篠叔不善役子宗孫半歲日漫志家書注新書快郵竹日翻
戊戌年少清派紀氣錄 光緒十九年秋七月己丑朔作
初九日 讀左傳 與閏兮嵇論積懷 天氣今日最熱
初十日 讀左傳 得家書第二十一 書並注寶池年譜跋 徐某
又見因人集補年譜一冊 錄語尤可拱也
五兮自食肥去
十一日 發家書第三十三 以試卷新亭蝶畫寄
讀左傳 讀韓詩 午後大風少有雨 十日以來氣亦清涼而
盡燈火稍可親 此其時矣

十二日早起觀杷上牽牛　講左傳　是夕被難寫康賴賜血

典華燒福祇祈形　講史記萬三帝本紀

輯論語王充義下闡孔篇條討之別為卷　前年奉覺等奏聞孔疑義

十三日講左傳駁膏肓竟請　畫觀字六屬電招呈南

看緯說

十四日講左傳賦六龍之說之難　閱篇出所刻金壽鄉君就章見

示云此石在松江府學據其文為晚西說四年書水楊政據

宋當和二年銘其葉南行其募張聯不家本上石也

發家書第二十四　看續讀胡繩樣文選箋證胡字秋泉

前有朱熹審叙備言少學之禮於雲旗名物都先生尤有得
於王嘏之家之學

十五日　閱公約雜莫社滋因游嘉善松江錢君溪勤合肥李
君涇川兩君並治義理之學　謁曾文正公像　李君云嘗旨
書人論曾公以義理之學而兼政治政治之美不如文章

十六日　講左傳桓惡枝葉　韋半毛張子厚黑也朱良驥
以千文焦己說令印誤韋半子与伏羌也　伯瑜自京来

十七日　講左傳至平王畢　往直書局買書
看如秋濤一綫接合甲部稿　至師大看李說箴三千言

能辞表以要領錄下方補說一節

十六日 講左傳 釋天首三節六月 讀大戴記衛將軍文子篇

看顏氏家訓省事止足誡兵養生歸心

十九日 講左傳 讀徵君書望 看春王經 釋詁注王念義

王鳴盛與切禮鈔一冊史家舊章難得有年表闕篇

讀書隨筆皆不依行草書王西公所題字慨未能也

二十日 講左傳 論語 看顏氏家訓畢 盧本附觀我生賦注極

詳備此篇係與哀江南賦合刊頗有味也 補注永明一條

呈南自東武遞來泰從上十二書並售至賈嘉子正義長編

詣同里處過五弟
二十一日 講左傳 兩館聽聲 炊鼻之戰 同閱老侯錢辰
初錢銀兩據陳家過三南偕往實書局購論語學
二十二日 講左傳 拘泥 不蔡會 同至南潛園觀春社搬畫
舊設人面之臺者相聚攢猶眾鬱嘆臺存嘉慶年間修織
堡刹石 玉壺清話云徐鍇至臘八堂五嶽紅橋為歸進
春社橋 蓋南朝舊名也
二十三日 過案之行同舟北渡 至南少仲過錢 同閱老侍
存家聯之業 舟行戴澤李惠亭 鄭宸李棧景
當校優刻
新山家訓書

二十四日　課兩生讀澗子長至孫子非來子和處說　日寫日記書

肆行為南村研一方鏡研赤十圓禮子翁 ● 廿九 菴谿關南來子

錄類日抄／五菴閒左元隱抄／實之印證

二十五日　講論語　又看南遊錄

二十六日大雨　講論語樓遲於門　吾人為長　諸兩弟　齋南唐禮了

詩　讀漢書何武傳戴聖之子賓客為群盜得繫廬江時戴聖

語聖之子之賓客為盜為吏所捕 ● 因去年遠及所之子也於語

所之子為盜郡下文不武平不決之得而死此人乃語小戴之子為

盜死也　武可都必先印學友見孫生試言論論問以行失發段

入侍書房閱鑑回憶前事敬善惡擬試論論閱後先生言論
生閱田穀劄并及吏民也試論語試題所講書試論語試題所
作文閱後先論閱題所作後母後先看讀後將所試學生之作
二十七日大雨御覽八百卷十九寅年御批大論批之難每一論輒与徵余與
四日晨來食徵此前講讀輒若氣和乏推此見講通調復學者用
心之處也講書罷復進侍御覽為起坐典為下講復講則亂云
譬若起題奈何下筆此蓋進侍之學為先進篇帝第經朋之云盛日盛
先進試論試論以試侍云後進生以知乃此亂人論此先進後進于以講此
論語鄭注講論語畢飯後閱書以下四五章午晚有晴色

讀史記仲尼弟子列傳 公孫龍少孔子五十三歲 田常伐魯 子貢說行 子至
哀公十一年 是時龍才十五歲 少年雄辯 已足解紛 聖門多英才
此可見

二十八日 雨霽 附輪舟至鎮江

二十九日 過江至仙女廟 晚抵泰州

三十日 午刻自泰州至東臺 母親以下皆安好

八月小建己酉　初二日白露　十七日秋分

初一日庚申　候孫師　楚卿來　過霖老席后

初二日　過三兄暢談　過壽丈　飲老自家師弟

初三日　致仲祥緘　過館蘭蘭舉詞叢

初四日　蕙琴書來過我　過公處　校論文要旨辨柳諸作

洗硯南村老人研研底紫泥中有玉帶文

初五日大雨　壽丈招陪補園因催名孫師飲老信函三兄及孫生

鶴庭生年●西下頁顏綫黃和孫卿藝人石詩有云莫是

飛鴻留心影支撐在雕試新妝不知何處手神將意向西湖

閑放人長自殊皆佳

初六日雨　欠安　披覽吴氏收藏書卷

初七日　毘陵六逸詩鈔莊令輿徐永宣凡例云黄任莘晞潘南村

高蘆蒋吾邑萬呂錫楚語顧頁宗臣諸先生皆遺墨古籍

書与六逸輩則闃絶未可歷以原川俟異日別加搜輯昨

所得南村老人研山蘭亭詩是潘南村潘為吾郡人而僑於

常州者也按凡例此輩則存其逸者六逸謂惲南田楊起

文張芳莊陳道棠唐芝鋤山董耕龜

南田詩鈔卷三題高棠翁先生云風骨高千載麟雅意後時惹

未第九首雜憂難刪詩日月三復甚爲欽抄一代鉅河派家

學至猶草擬由半此　卷一樣笛至草傳御七律二首叢及題笛

侍樹洞天圖七絕二首

初八日　過鄰翠水莫　聖廟丁祭　校詩文要旨

初九日

初十日　丁酉夜排六月詩廿首辟換之云　如日如月觀御輦以來

時局紛亂葉即饑饉御邦一臨漢湯有郡記郎變遷之

趣說意饉水火備共尚國統鄰義錄排圖南園詩恒令

也

書楚澤雜錄寫之擲訂可一方寄文四二頭風雨書付嘉君

請壬子秋九月寄於雲霧山中 壬子為泰請三十年

十二日 遊衡峯 伐來殺歸 甚指書 儘吉而還哇

楚青告曰

十三日 午倘今策正月書於雲東及余 為文還之 雪南雜碑學 時

余已往宿 爲不長月 遜与 [redacted] 硯丈於送他 爲碑換之 鄉碑不

恩以泥口咽 [redacted] 書酒画歡 [redacted] 北 [redacted] 樓聲趣岩醴惜如仙向

以獨蔽以 [redacted] 幽知秋 鄭 [redacted] 西郭碎 [redacted] 論 [redacted] 漢石

裔黃衣冠

看舊拓聖教序

十四日 雨 老孫師范謚 時振有禮老通南處入都云云說

十五日 讀拜集 微曉不知秋有露濕空澤似水為玉輝而

田中秋玩月詩也 二兄嘗作圖小堂先生處赤鯉魚垂幅

維丈詩 今喜二兄又作錄石眠李文徵明山水手卷作圖鏡

山水然此而因皆不發真

十六日

十七日 徐而子恂重光而居來云擬刻兵先集

[redacted]

十八日 顯考忌日

十九日 蘭宦來札，有賦貞院詩序等 積雪見懷韻 呈吾兄二

首云：聲塔拔鐵倚多梧，九度秋風若計儔。儔以告新嶽綠遇

眼。到處燈火為秦淮。從蘅齋借莫高相研史讀之，呈付

鑄硯譯經之塊三研，置題皆曰高村老人所刻，金石以研

確為高製之下

二十日 當蘭宦書 母親昨日新涼，飽作發熱一服，和表之

劑熱稍解

二十一日 母親飽熱已解，飲食尚少味 得寄七蘭宦氣來一緘

卯後

二十二日 母親飲食仍未除 俟醫過我〻改醫理

母舅過我 偕視南村研 後去謁修便守道 吾〻美鑒朱滄

岳翁偕內兄居見話

二十三日 母親腹瀉兩次 雨居來診 前方加減 岩芝以事前了大腹瀉

考乃峰

二十四日 母親瀉次稍減 仍不思食

二十五日 母親精神稍强 仍令稀粥矣 以黃葉洗研〻面徑五寸

玲橫三寸 厚高七分 雕石面皆有至若粟 發十近研池處

瑑獸一角甚解事也毋親摩挲以為雕琢精美研背有刻
金玉手相四字在下署年為道光丁未又四月君田黃叢海名
下鐫二印田黃後白文隸書後朱文篆書源之書心醉原工詩
善畫浙江人游粵僑東莞容鶴文藏其壽象乞詩圖卷
生前輯為詠東刊集山詩生涯守黃詩也因畫作雅箋
云乙卯去錄研時九年研題稱太平世居醉原者詠石
七律一首云綠玉圍寄中沈埋身外確煙蘿何用他山助切磋柔卜
多悟全達夜愛醉如酒質畢無前和平原書墨斜陽讀罷苑
秋住草軒多英雄向我同經法細可搆積有緣諸恭

二十六日 覓乃借交素箋並乞周翁老為書崔林謙多當僧

能德應作也

二十七日大雨 為解鷹硯銘云 碩如儡以攻鋒 神鷹攫處之水

濯。邪心讒覓意。毋以污。

二十八日 蘭亭周翁以山韻詠去年七夕云 羽翼網長垳。日是法雨歸烟

墮就秋色。待搖雲路幕。髮把紫雲春垂柳。情春年起出離是過芳

責樓香樓搖。歎風起。偎差疑可。又換凡龍。有聲憑只是懷

悒。恍別後天雞。接無說白鴉。錄就七寶金樓。鏡誰為擁帶齋

兩翅牽成翻。假衣秋見弦指。曲。巴剝恨不懸衣那長橋慘。

右錄前年王所好編

神石樵

二十九日　古歡首青佐緣厚藏王先世林峰和尚與當時周西

答謁張東山、紉子竿諸人往來翰墨，題古歡卷

咏牽牛花一首和古歡卷　一與王孫辨儂情自芳敢言蒭

物妍卿騷九秋花排點綴經高歌斷蕚君晨星太

寥落朵朵莫拈忌

仲揆來書云近擬歸，談文以瀾本吉覃周之事而蓋以書題

通川各文　　興化北小街姚本麟卷

九月大建庚戌 初三日寒露未初 十八日未初霜降

初一日己丑 詣華祖廟求方 得貝母三錢 按神農本艸經 貝母味辛氣平 為手太陰陽明藥 母親胃次不舒 飯食少味 食後時覺氣塞痞起 往往壅滯喉下 每苦心臟 皆肺胃之病也 此藥當和之府年後服

初二日雨 母親服昨藥後諸證皆漸解、 看王羲之傳 續柳子厚乞巧文

初三日 挈泰兒過泰山寺 東廊檐外老桂餘花尚發 折一枝以歸 途遇曹叟 出彼方返ㇽ 假石補儒林外史

攝政王致史閣部書，爲李雯筆；史復書則侯方域撰也。見嘯亭

雜錄　卷件捲一檢

曾文正聯壽吳張子樹云：龍嘉初載啓詞場，收拾人才，承潤建章今

日至；淮餘已老江南，梅叟鬍南。張先生與梅伯言公均出　了以蘊覽之年其遂生　詩附見

張子樹樹州堂集，文正詩集未收此作。

初四日　母親眠食漸如常。

初五日　三兄、三兄、五弟、六弟以三事赴南州。連日整裝。

初六日　治裝。

初七日　晨謁華廟湖神。午後附輪舟往泰州。

初八日晨自東城開行，午過仙女廟，旋易舟渡江，初更抵鎮江

初九日 過伯壽，同往鐵路觀火車，伯壽留商會午飯

飯後過公臣，寓安客，因交時附招商大輪往甯

初十日雨 下午抵甯

十一日 發家書第二 晚謁公閱志如在滬寓發翁賜諸

道子閱滬來者子以歸待余為葬屬之事

十二日 過王南岳謁曉仲丈

至順鎮江志卷十二古跡 唐許渾宅在城南二里丁卯澗 自錄序云於朱方丁卯澗村舍手字於烏絲欄

嘉定志十七淑
以夏崇補丹陽
尉

輿地紀勝鎮江府
人物門吳淑字
正儀潤州人幼有
俊才辭賦該贍
俗稱吾為中林蘭
蕙因閱以唐太宗
杜淹論語樂淑田
志氣素動側巷
雖協和嘉樂皖
形列采乃思啓
賦哉依韻田忽
以採摭樂之情矣

錢同人芳子竹集
吳澤舊居址

至順鎮江志十八人材宋吳淑字正儀大理司直文子丹陽人南唐舉進士
第為校書郎直內史隨李煜歸宋以近臣薦試文學士院授大理評事
累遷起居舍人有事類賦百篇詔令註釋三十卷文集十卷說文五義三
卷江淮異人錄三卷秘閣閒談五卷宋史四四一文苑傳中之信云淑
同宗而死者雖二稚如在淑收養成所生及長而嫁之時多其義
又洪興祖字慶善丹陽人政和八年上舍進士以累為陳州高郵主簿試中書
省為湯州教擢累遷江東提刑知饒州真州時初秦檜惡其程
瑀論語解序譏己貶昭州卒年六十有毛詩本旨二十卷周易通義二十卷古

以上[illegible]得[illegible]經
借太平御覽文
苑英華太平
廣記

易疏義十卷太學易傳宗三卷諸經說十卷春秋通解十卷

春秋序纘一卷聖賢眼目一卷補注楚詞十七卷韓文辨證語

卞一卷杜詩辨證注一卷黃庭內外經注二卷翰墨講齋

一卷

十三日　晚着寒遂病腰酸痛異常

十四日　寒熱未解

十五日　寒熱稍解腰痛亦稍已　晚閒不能食　王衡甫為我擬理腰之劑

二十三日　不飢不食者凡十日

二十四日　服山藥胃次稍醒

二十五日　脑气渐通，稍稍思念矣　得东莞振云

二十六日　食粥　二兄来书

二十七日　服饭　看颜氏家训

二十八日　至南还戟云所买周神钩

二十九日　苏风先生赠我苦茶字集　録西顺东学校刊

書以錯目

三十日　寓江南寓郭彭年生祠之庙，河南省嵩书之碣，应当认而

新得出蒋季言谓多详之和于冀东　宦为语余云

十月小建辛亥 初三日立冬 十八日小雪

初一日己未 散步小園 木落天高 氣象一變

星期日 發家書及書件記至常田 別發一書由郵局匯去 看楊仁山佛教初學課本 讀楞嚴經一過 乞余之亡

初經詞與念觀 此經如佛詞求也 殺盜婬三者為佛所深惡

今之上海日報 半年雜誌 無算婬風流行 而所謂商學家

紳諸界又無知識 不肖利益以營謀食 皆是也 江南

無非乃大夷花叢墟 未開化之地 而數也已 眼與風氣 誨淫縱

集而記之 而且自隱來云 如書行霧 日見其甚於形 有形之色 亦西多逢

初二日 同閻老慶壓看菊花 録孫仲容札迻荀子說二十九條中惟
榮辱之僈學 王制之謝繫 禮論之十世 解蔽之空石 正名之有牛
及不苟儒效六條自為精善 丙臣自上海來 致何蓉一緘
讀杜詩補注望岳義來了[redacted]二條 王半人支棣
初三日 候丙臣 看潛研堂文集卷一至九
初四日 敘宿為施君少文由京本印寶侄薦書件託謹寄
回 看潛研堂文集卷十至十八
初五日 發家書第四 看潛研堂文集卷十九至二十六 [redacted]
初六日 中外日報載禮部議覆顧炎武黃宗羲王夫之從祀孔

蘭亭 初十日 旨[redacted]議 午後畢書肆 再讀昨篇局和印洋書

寄嘉人嘉及八嫂 重書潘之 叩復校讀 又寫家書第[redacted]函

初七日 課慶先兵家重韻氣說 昨書肆購去經解約洗棹

詩經經說 澤元卿詩

初八日 各堂會 鬧逛動會 振人往觀 余以病新愈 未往 以書

經濟坐 同閱 屯昨書市 購讀風 小倉山房外集 荀子

某經解續 學海堂叢書 月初擬之廠 後病 後以買書之興

亦勤益稿 歸 費元之 此亦病後調養之一法也

錢後翁有書又送一書目來 佳物極多 查亦不易 回園

老而老露答爭月偏晴不遲遲又久春陰向晉竹讀笏又覆松江錄

不快也 針。沙。雞。鳴。未。熟。枕。君。人。枕。上。詩。雞。鳴。聽。眼。三十餘年。

又各送。錢。慶。亡。巽。志。擊 蠶洲不無詩前閱宮書之述之

來借呢諸錢鳳暇可之金繫湖書舫感一寬興雅堂刻

初九日 將書帝均閱易漢學注校補閱前世尾林錄少

隋集又有扇假年刻焉鄭孫[redacted]人權長論文讀過還之

初十日 看尾林此湖澳樸叢書之一也 共刊卷均了無精補

閱易鄭注亦湖澳樸本 補左傳杜解之疑未完久病

今日始上課也 讀書肄均雖至畫亦難補疏評閱生譜

止水齋集

十一日看[redacted]方湖枕經堂金石題跋，更以武前巷書藏後題字

黃莊萍山人蘭君書齋藏書有理據

桂未谷和答翁覃溪題復初齋圖並小印書贈見贈之作集墳隊孝傳

請鄭蘅洲履堂張君重說兼拜月廬後並擅湯著湖僧居求跋

古蔡中郎何李三郎書堂遺跡出派稱知化如觸篇惜白綠裙鮮

古鄉方之譚陰長傳雲猶勝趣門筆之見題跋書余非疑

書石壽勇空談此語不知先後我亦不言

新蒲綠 三月十五日公祭桂其東鍾虞佛業第跋二首以識舊郎

送神之曲加髮祥假引嗜萱納私鑄杖梅光石王本松松葉長清

風一絲沈烟霞廟香有姬山川空曲江奏情譽壺子素悵難知

遠夜偃不乙月下鐘樓此去為甲申認去而然詩錄序東風

長孫苔樓二十年情落無窮之古道疇圃剝脈蘚土沈

滄海遺孫膺玉躬葬梅花誰於夜經讀雅吳頌屆撰時乃

國語此極好匯詩兒十月初旬時根據手寫閱訖語

甚家書第六　看潛研堂文集卷二十七至三十七

講說文頁壹　假笑字子音笑物義也音為讀段讀知也表笑之

頤目說字本知能知物義也周禮成文書法詩書家者者說之

人能知異記事為也若柔克先聞又補晉以正長是記也故有

記得物數之義如 此條俟檢王氏經説 絲瑤闕疑 此條當錄入左傳 小錄

十二日 陰雨 閱策茹吾臣居林 講説文越 顧蒼語語鄉業車

中餐 講左傳柏舉之戰畢 僖謨杜注似未安

看潛研堂文集三十三至三十九 卅五王人書云劉原父識歐陽公不

讀書原父詩閱識勝於歐陽然亦未免太過 此言良不真

不讀書之患也 驗其所據本史以四皆講少疏加逢本紀四等條則出定説為後人所附識

撥桐城讀書少識其所經非因鈔説遂并桐城之文一切抹殺

之亦未可也

十三日 風雨寒甚 讀左傳哀二年鐵之戰 補正杜注僞誤一條
看潛研堂文集四十至五十畢 卷之三云蕭有穀梁正義見四十三墓志銘 其九卷十七有傳 四十一跋王二廟碑 四十三王峻墓志銘 五十祭王虛亭文 皆關涉吾鄉掌故
十四日 雨 讀鐵之戰畢 讀諸經述卷盡人一手讀文廉契
看潛研堂詩集 續集 嘉定縣葛山論西印齋告蘄皋跋
正白容金石記
十五日 宋翁藏蘇玉堂本太玄經 為明初仿宋刻 卷末有右迪功郎元（卷首未見本書此一行）
兩浙東路提舉茶鹽司幹辦公事張寔校勘一行 即潛研堂跋

所謂南宋本也　將所校釋文一卷並張塞以借所爲并札寄張宣校
勘云云　釋文卷首雖云自虞薦唐劉以來至杜預撰亦漢人所依則
亦備之只是書　録左氏釋文第一至第四　講左傳請之戰據畢
公穀兩人子類書國二卷　附書肆以韋齋集易柳居詞太至
經湖海文傳　不得其說端研一
十六日雨　鈔左氏釋文畢校一過　蒙竹翁過我
十七日　覆校左氏釋文　講左傳襄公十六年至廿三年　難語語近於義
君子以義為上為義本　柔兆先生又論　以下如洗研之貴滑膩者
紫微經經之人而又弱　撰經之可學六分　研首剝落右有黃氣來回旋

之碑亡馱石龍形[redacted]亭[redacted]碑文蹲以蝙蝠自坤得至於龍蟠

有銀錢一錢之側有眼三背畫而不退筆滴水能連畫狀

無錫此[redacted]石列學宮於牆中鑲壁錢碑不可讀剝字

以銅圍五十枚之錢字搨之文人好研側有其癖寄意於之

多而不厭乎今年摹研并此而三識字摹搨所謂不厭者

亡為家翁皆不癖此物兒乎雨中字研游羅異不嗜哉之癖

也　陰雨不已

十六日　復以羅此刻太玄經校釋文一過羅本釋文今置有

若之未視夢至李本互有得失羅本緣曳既之趣君之本舉

者也　讀帝堂文及王闓運集　讀論語古傳
以蘭自東至遇我快談　穫來東兒十一日書　前日所得
漢書表志殷變一紙若述要上仲遠看　以蘭云仲
遠●張皋文之孫君為湘北知縣此書當即其家藏本
也　薄暮微雪
十九日晴　課養先葉石信勇之韓　讀帝堂詩
發家書第七　四瑜來　同閱老湘書肆　得竇同和所
公羊穀梁傳　公羊為揚州汪氏仿宋本精美無匹
仲安來札　前日過書肆見其所注李太白集今往詢

之已為捷足者所得

二十日 講左傳孫納莒僕 前得之湘陰文氏 每冊末有譚傳贊（書有傳贊閒印）瀏陽孫印譚不知何人 下懸壁 午後游書肆 得謝氏小嫏嬛叢書 望三益齋刻韓詩外傳補遺 蘿雪書樓刻李翰林別集 李氏刻徐騎省集 又收錢泉一圖 購崔葉研、端石研背有鴝鵒眼一橫亘 雕琢治之極樸雅 邂逅中獲四書一石 殘帙以歸 不知胡鳳之刻面也

二十一日 午後雨雪 詠虔自東臺返 講韓集穆之 讀徐騎省詩 有義畢是類孫念人 云窗須買藥療一窮

話，只恨無書消遣，看此二語，要余買書看，藥之甚正。
詞擬乞孫老書為擇讀。讀老杜同谷明詩及述
舊作述懷（首）四云：髮盡知風德衰，懷人淚盡寥嗚
已。余去年葬祭行中亦有忍讀寥生君子課盧祇庵
不已，苦嘆難難云：讀書要勤焉。
二十二日　晴冷　發長豐一封　家書第八　遇書肆見毋陽賀氏刻
《養一齋集》及《部劉補注》予作之儀甚為　請誥經義解尚為
部　余向擬撰《穀梁要義》，閱宋元藏目錄，則此書不
備，略舉一帛就正名一卷，象之，貴議三條，作遙如童氏書

吉賢六 景毅七 內外八 孟荀九 日月十 近孔十一 姜經十二 昨
夏十三 荀韓十四 賈劉十五 班鄭十六 同左十七 異齋十八
曼甫得硯是雅疑字邨來 讀烟嶼文傳序
二十三日 翁仲報書 請孫集 慈長字
玉壺研之端石圓形作壺形其色純紫龍淵有墨斜文
二三上 側有紫星一 碧深綠石交回旋 研背當壺心處文
有紫星一 研面池首琢一篆文玉字 池背琢篆文壺字
硯梅匣研直徑四寸 橫徑三寸弱 厚六分
二十四日 得康兒十九日書 第六 讀論語樊遲問知之為不知章

隨喜肆得湖海樓叢書道藏本淮南子 燈下校淮南原道
訓以俞樾莊本六振藏本終此本勝莊本脫多誤日當
通校一過
二十五日 赴先生處溫上課 講韓文藍田縣丞廳壁記
鈔戴氏方言疏證劉楊遺叢書 是為寒袁少仲過我
二十六日 豐家書第九課聽先生字說 因閱先案之宣南過是
為觀所藏粵中新得之舊籍 晚得之兄廿一日札
二十七日 過書肆得鄭珍輪輿私箋 買又古文及雜著房胡枕
經堂文鈔、求實齋刻本綱錯學書法要女子鈔 羅獄錄

二十八日講韓集荊潭唱和詩序　看畏壘筆記　溫寶臣作函

二十九日講韓集滕王閣記　王植卿偕禮公往訪屬余為大學代庖

至南昌拜客近日所以半兩子誅學家多憚錢見貽

十一月大建壬子　初四日大雪　十九日冬至

初一日戊子　整理書籍　發家書第十

初二日　聞公將應徵入都　出箑屬書　因次葯房韵以贈●和也

鬱述事和林和滯今見萬癰前歸人未知砭鍼風愛孔客酒和砭

佛

屬豐巡餘遠未囊說後疑書寄無動陳此卿家描

和鬱襪表勤勤穗慶痛歸

初三日　還上江公学　学生為乙班丁班乙四十二之丁三十七人

初四日　寒言過我　接家書第十一　即奉覆書

初五日　授乙班　歸文　進学部　寓言自揚州來　邀我快談

初六日 授丁班通考土貢敘 乙班駢文

初七日 過藥房購絲錢三角 授乙班駢文 題崇本草

初八日 授丁班通考國用敘 乙班駢文原毀 午前偕四喜讀授

擬覺廠劉 乙班生王蘇仁楊闓端吉之吉

初九日授乙班駢文

初十日授丁班國用敘 午後劉健公來 [redacted]

十一日 授堂十月乙班課卷

十二日 覆東覺書 授乙班駢文黃岡竹樓記

十三日 寄家書第十七 授丁班遺愛亭序 乙班駢文鄆州谿堂詩序

藥房雜誌寄南洋二號報報係上海英先生書局學分編譯館 5

潘研報不圖為丁福保所譯揚州李子英藥房喉痧藥樣

鼠疫我今至若也鼠疫得三冊進解圖說並人西醫一部書

試驗乙班生十關十處最善者十人皆無錫通州人年十六七歲不

為所誤能示讀者亦難也

十四日　授乙班鄭州館畫論序　授閱試驗卷

十五日　授丁班遊峯序　乙班歸文　同王南步月至浙江公學

十六日　授乙班歸文　閱蒙學課十篇

十七日　授丁班苦樓三序　閱嘉平錄西園碑茶子記以示諸書　校西園

刻孫子十家注

十八日 校閱丁班上月課卷

十九日 同星南過嘉興沈蘊華 黃溯初來 午後偕繆藝風先生遊浙江丁氏藏書 一月以來開口而笑者莫今日若也

二十日 授丁班退筆錄 乙班司馬談論六家要指

張鈞之來印證蓍蔡四書頗以然

二十一日 讀第十二書 附書目錄 題畫樓書

授乙班史記自序 過書市立得曾文正大文並記今

二十二日 授丁班講文 乙班史記 游書肆 得浦柳丞 識語數

潜庐集　读严九孙文

国者君之国也即庄子所云受之先帝以为姓而为私其氏者秋毫

国者帝王之代之所蒙者莫如国之别名敌者之证水国水之性

莫神之谓于下国民之心国之为国大之义孟子所谓通志学而引教

勇为国民之读云之为是二家之言也

二十三日　授乙班肄业书壹之尽　温黄山田诗集

二十四日　授甲班进学解　乙班生刘朝纲来借文选读章悟大半

来阅石传刘草数人章读读人章学十七刘十六

午后沐浴过江宁府学重修为风景请瞻　日是同至家往

南門搜訪古錢古研未有所獲

二十五日 校改乙酉九月福壽錄畢

二十六日 傳課 同至南遇寒云

二十七日 雨雪甚寒 寒云為余與至南作緣買楊氏翻日本朝鮮活本山谷詩集字大行寬真佳品也

二十八日 雪霽 閱柳亭詩話

二十九日 同至南遊夫子廟 閱古鉤一 長今工部營造尺四寸一分 其背刻古文句字即所謂物勒工名者也其面作飛已扣指者蟲文也依縣屬及縣彝形者鏤文也蓋頌祝之意上下

依古文而古之依篆文之古一而以言其錯誤之以言其通也

其類作序此丘文皆鐘鉦殷灌以前物

三十日同崑南謁蘇風先生觀所拓石華岳碑宋拓曼

禪碑及秦唐郡收羊碑二雲麾將師碑

同寀之過書肆購得精注竹瓊詩

十二月小建癸丑 初四日小寒 十八日大寒
初一日戊午 同星南過書市 得謝振定知耻齋集 鄭獻甫補
學軒集
初二日 姚靜安自東京來書 母親賜饌 並二兄手書
寫復二兄書 同星南過書市 得應刻朱子語類
讀知耻齋集
初三日 發書一 致桐孫雅宜寄東 過書肆 得湘陰郭傳
初四日 校試乙班學生 孔子聖之時者也 統書院請王祖述戴業
最優

初五日 阅乙班试卷

初六日 校试丁班学生 萧仰宣正诜 杨铨 谭金振球 罗信全生 增思 熊运 林生诗卷 因即试题 赋以一诗赠之 诗曰

悝呼诸生吟讽才经世英才 谁识胸中锦绣才 谁识珠玑满腹才 还期冰作冠 三年和顺世界 一篇正论振衰颓

録乙等出卷 是日与试者十九人 嘉学铭 沈铸中

初七日 定乙班丁班分数

初八日 七兄书朱泉家送来郭刘福谱五代史直讲十千

初九日 张君子刚自居胞来电约往广州中学 即作札告之

致 督理楊 壯叔

初十日 同至省，坐車已下關，候輪船，到夜未至，而雷雨襍下

甚暢，作詩舟頃篷華坡壯中儲遊雲氣以底不襍組以消

若楚不襍組，風中飄往還遠，江上流不得已，詩所秋不穫繼

西船旋往還遠，東車轉不得已，南北征不襍繼，並華茂往還

遠，胡為滔不得已，吹要去古有吹鐵，不襍組鐵罣絲緒

往還遠，詞路漢物者報船中，不得已以迷月書言宜，南程起作讀經山詩不

程繼，西雲結往還遠，遠亮鴈飛不得已，號與君星南陶余歌

詩大氣下必暇讀為手續一首云：激楚久留高情詩吟

[illegible] 四[illegible]

犹知有庄不惭宠呼君谁欺讶

十一日 雨重不已与重庆雅迓江楼小饮 庄分江觉摇船

状至前日西路叔度之也

十二日 遵舟抵镇 居刻即归过小桥 来刻至仙女庙 夜

刻至泰州

十三日 午刻至东台 家中自母亲以下皆平安

十四日 伯舜往镇 即道至福禅寺托其授读星寿

十五日 蔚峰子寿来 楼什器迁我

十六日 为紫来小冠谱 张师访余 萧峰偕至书至

二兄往鎮　壽安過我

十七日　同二兄過子香　仲安　壽安　雨亭過我　即同過孫師

十八日　同呈甫過香樵　蘭舟　吾巖自張江至

香樵有句君之出吾民一年情味深至

十九日雪　過文富山房以龍銀一圓易嘉定刻朱子易本義

樸學齋刻論語鄭注　孟子劉注　夷語左傳類對賦　陸確庵

醫學入門書　陸稼書治鄉三約　制科議　家祭禮　王玉樹說文

拈字　莫友芝說文木部箋異

二十日晴　母親壽辰　以龍銀三員易雅雨堂本李鼎祚周易

集解尚書大傳經訓堂本夏小正段注阮文達研經室一集
培遠堂本孝經 前日榮泰冠龍以雒鐘神鈎榮泰為
詩紀之云精金一握勝琳璆知是秦鈎是漢鈎天評之
家究鑒物雕之傍佛錫公侯 劉史天十天家梁容公得云潞庫乃鈎文曰錫爾宮鈎其公侯
二十一日 整理近得書
二十二日 東臺縣學堂甲班學生行畢業儀弗臣招往觀
禮 靜老為諸章之集
二十三日 曾祖忌辰 候內石
二十四日 案之來札云健父函屬詢其葉則期即會一叙

蘅如令松飲，坐有吟伯、吟花、令秋、大二兩、五令，神氣尚未全復也。

二十五日　孫子西、師雨亭、石星南、仲安同集聽金石壽喜樓。時璧在自江西回，松共飲敘，盡一日之樂。

二十六日　過書肆，以閱史約書一冊，書爲淮南王光魯攜去。自序作於崇禎甲戌秋，爲周十七，爲譜十，爲官制，後廿年表二十四篇，而雅馭乙部津梁也。

二十七日　雨　偕秋松同孫師雨、石水、葉星南、登呂晁飯

[redacted]

二十八日　禹言自揚州歸，述生魁璧所著云：迎樓妲姐

鑑和尚生計殊窘，甯魯嘗砲守約安婉在人

窮是喉嚥中有血，贈以梨膏　題以仙樓之丈

二十九日　頃晴軒以寄武卯鐵魁康子余嘗為續的堂

來鑑當何也[redacted]星齋屬書以歸，因刪存[redacted]後

劉為四首。雁魁題云：閱識，張先生經才雖事日月

光四方趙思云云，鍵錄稱下姓名者[illegible]

故[illegible]相譯，畢竟兵工[illegible]

[illegible]

[illegible]

[illegible]

麻姑作忠義說尊清時本物思量數已遠壞禮書機江上

以啟開德壽合京師官家南渡剸時疑羅鳥琭又

伯顏先生支持兩宋武稱法隨鐵挂文山全身修[illegible]

[illegible]

[illegible]

[illegible]花下詩墨林叟神細流傳七百年偽過

歷陽訪殘帖猶經劍上鄂州公帥 即為李申中書刻所見帖以書物

岳忠武鄂州帖為寇晃